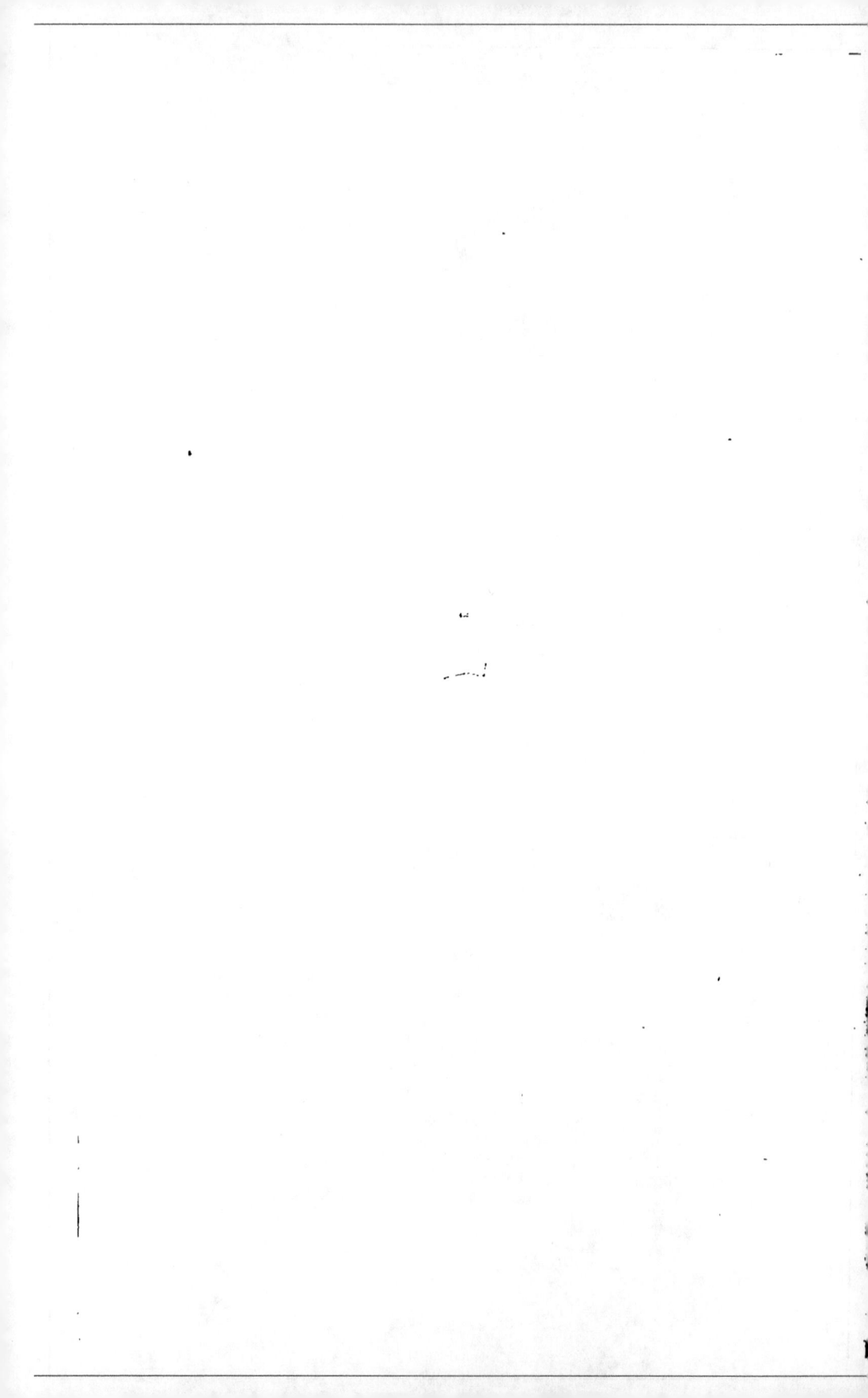

ANNALES

DE LA

VILLE DE DECIZE

PAR

M. F. TRESVAUX DE BERTEUX,

ANCIEN MAIRE DE DECIZE, CHEVALIER DE LA LÉGION-D'HONNEUR.

-◦⊖◦-

Qu'est-ce que l'histoire ? Le souvenir, l'action des passions humaines excitées par des causes connues ou inconnues et agissant suivant les mœurs, les usages, les préjugés, les idées de l'époque qu'elle retrace. Dites-moi sa date et je vous dirai ce qu'elle a été.

Je n'ai pas recueilli cela des auteurs imprimés seulement; mais il y a des choses que j'ai retirées de vieux livres, d'anciennes pancartes et mémoires que les rats et teignes, l'eau et la poudre avaient fort endommagés.

De MASSIOU, *Histoire de la Saintonge*.

━━━◦◦◦◦◦◦━━━

MOULINS

IMPRIMERIE ET LIBRAIRIE DE P.-U. ENAUT,

Rue Saint-Pierre, 6.

1855

AVERTISSEMENT.

Certes, s'il n'eût fallu que de l'érudition, du goût, du style, de la science pour écrire l'histoire de Decize, nul n'eût pensé à l'entreprendre après MM. Girerd, Gillet, l'abbé Crosnier, Née de la Rochelle et autres écrivains ; mais de même que le génie ne suffit pas seul à l'architecte pour bâtir un édifice, et qu'il lui faut encore des matériaux de toute espèce, de même, il faut au chroniqueur des documents, des dates, des légendes pour former les diverses parties de son œuvre, qu'il reliera entre elles avec plus ou moins de sagacité, et dont il fera un tout élégant ou vulgaire, selon son mérite.

Ces documents, indispensables pour écrire l'histoire chronologique d'un pays, ont manqué en partie au talent des écrivains nommés plus haut, et ils n'ont pu produire que des fragments séparés entre eux par des lacunes, des obscurités et des incertitudes de noms, de faits, de dates... Cette pauvreté de détails est sérieusement regrettable lorsqu'on la compare à la richesse du style des divers auteurs qui ont traité le même objet. Quel parti n'auraient-ils pas su tirer des annales intéressantes qu'a eues entre ses mains l'auteur du modeste travail offert aujourd'hui à ses compatriotes et aux amateurs archivistes! C'est, du reste, l'intérêt et l'abondance des matières contenues dans ces annales qui ont éveillé son attention et sollicité ensuite son examen. Il a cru devoir extraire de cette mine féconde ce qui lui a semblé digne d'être offert aux esprits sérieux qui liront, moins pour critiquer son style que pour trouver dans ses compositions des sujets d'études faciles et intéressantes.

Les archives de Decize sont riches en titres, délibérations, comptes, etc.; mais quelques-uns des manuscrits ont été pour l'auteur lettre presque close, et il avoue en toute humilité qu'un élève de l'École des chartes eût amplement moissonné là où il n'a pu que glaner. A ce sujet, il pense qu'il est de toute justice de signaler à la reconnaissance de ses conci-

toyens et à celle des amis de nos vieilles chroni-
ques le zèle, la patience érudite de M. de Chassenaye.
Il a cherché à mettre de l'ordre dans le chaos d'an-
ciens dossiers plus ou moins précieux, déjà altérés
par le temps qui détruit tout. Son savant crayon, par
un demi-mot, par une annotation, a appelé sur des
points importants l'attention de l'explorateur qui cherche des trésors dans un pays inconnu.

Le but de ce travail est d'exposer aussi clairement
que possible les faits administratifs et d'histoire lo-
cale des siècles antérieurs. Au XIVᵉ, l'auteur a dû
masser les faits et les présenter en groupes. Parvenu
au XVᵉ siècle, les documents étant devenus plus com-
préhensibles, plus abondants, plus faciles à appré-
cier; l'ordonnance de Villers Coterets de 1539 ayant
prescrit de se servir de la langue vulgaire, il en est
résulté, bien que l'art de la paléographie eût perdu
de sa perfection, que les vieux manuscrits ont été
moins difficiles à interpréter. L'auteur alors s'est fait
analyste, il a compilé, il a recueilli, il a tiré de l'obscurité des événements dignes de mémoire; les a présentés, toutes les fois qu'il l'a pu, sans lacune et
sans interruption.

Enfin, comme il a été dit plus loin, ce sont des annales communales qu'il a désiré écrire. Il ne sortira donc pas des murs de Decize; il tâchera de rappeler aux contemporains les noms, les actions, les mœurs, les coutumes de leurs pères, heureux quand il pourra mettre au jour des faits passés, oubliés, surtout s'ils ont été inspirés par la vertu ou l'amour de la patrie.

A la suite de ces réflexions générales, il est utile de rappeler un certain nombre de documents qui ne se rapportent pas positivement à la ville de Decize, mais qui sont relatifs au duché de Nevers, documents de diverses natures, et qui ont eu nécessairement de l'influence sur une petite ville dépendant de la capitale où résidaient le duc souverain, la haute administration, les tribunaux, et d'où partaient les ordres et les commandements auxquels il fallait qu'elle obéît.

Les comtes ou ducs de Nevers furent divisés en deux catégories : les comtes amovibles depuis 826 jusqu'en 987.

Après 987, diverses maisons souveraines, soit par mariage, soit par succession, obtinrent cette principauté. Savoir :

Celle de Courtenay, en 1184 ;

De Donzy, en 1199 ;

De Forez, en 1226 ;

De Bourgogne, en 1257 ;

De France, en 1265 ;

De Flandre, en 1271 ;

Des Valois de Bourgogne, en 1369 ;

De Clèves, en 1491 (alors le comté fut érigé en pairie) ;

De Gonzague de Mantoue, en 1565 ;

Du cardinal Mazarin, en 1659, et à sa famille jusqu'à la Révolution.

Le roi de France était représenté dans le duché par un lieutenant général. On y percevait des droits royaux consistant dans la taille, la capitation, la gabelle, les aides, les domaines, la ferme des tabacs, les postes, les coupes de bois. Dans cette province, il existait plusieurs greniers à sel, notamment à Decize.

Le Nivernais appartenait à trois généralités : Moulins, Orléans et Bourges.

Outre vingt-trois châtellenies (Decize, Champvert, Cercy-Latour, etc.), le duché comptait encore deux cent cinquante justices subalternes.

Le diocèse était suffragant de Sens ; il renfermait

deux cent soixante-onze paroisses et deux archidia-
conés, Nevers et Decize.

Pour se faire une idée des recettes et dépenses du
duché, on va rappeler ici la récapitulation du compte
présenté par Pierre Simonin, receveur général, pour
l'année : octobre 1788 à 1789, approuvé par la Chambre des comptes et le duc de Nivernais.

RÉCAPITULATION DES CHAPITRES DE LA RECETTE.

	l.	s.	d.
I. — Débet du présent compte. . . .	64,462	07	11
II. — Reprise dudit présent compte. .	16,603	04	01
III. — Produits des fermes.	95,864	15	00
IV. — id. des bois.	127,954	08	05
V. — Profits de fiefs	9,579	04	06
VI. — id. de rotures	3,299	04	03
VII. — Rentes nobles et autres	1,831	11	07
VIII. — Centième, deniers et poulette. .	3,815	00	00
IX. — Régie et reliquats des receveurs particuliers.	4,201	12	04
X. — Recettes extraordinaires	241	15	00
TOTAL général de la recette. .	327,752	03	01

RÉCAPITULATION DES CHAPITRES DE LA DÉPENSE.

	l.	s.	d.
I. — Remise de fonds à la caisse. . .	152,708	03	07
II. — Impositions royales	8,204	18	04
III. — Fondations, dons et aumônes. .	7,831	15	00
A reporter.	168,744	16	11

Report	168,744	16	11
IV. — Rentes et redevances du duché .	2,094	02	02
V. — MM. les officiers	5,016	18	00
VI. — Gages à des lieutenants et gardes de bois.	10,630	00	00
VIII. — Pensions et gratifications. . . .	6,843	05	00
IX. — Frais d'administration et régie. .	9,456	00	00
X. — id. de constructions, etc.. . . .	7,972	04	11
XI. — id. de procédures civiles et criminelles	6,203	18	04
XII. — Dépenses extraordinaires. . . .	11,521	14	06
TOTAL général de la dépense. .	228,938	05	10

CHRONOLOGIE DES ÉVÊQUES DE NEVERS, DE 505 A 1400.

1er. Saint Eolate ou Eulade.

2e. Tauricien, en 517.

3e. Rustique, de 538 à 541.

4e. Saint Aré, de 549 à 558.

5e. Eufrone, de 558 à 566.

6e. Saint Æolade, en 566.

7e. Saint Arigle, de 581 à 589.

8e. Euleil.

9e. Raurac, de 624 à 654.

10e. Leodebandus.

11e. Hecherius.

12ᶜ. Deodatus.

13ᶜ. Gilbertus.

14ᶜ. Rogus ou Roch.

15ᶜ. Saint Sthier, en 690.

16ᶜ. Ebarce, en 696.

17ᶜ. Opportunus, en 702.

18ᶜ. Nectaire, en 746.

19ᶜ. Chebroaldus ou Chevrand, en 747.

20ᶜ. Raginfude, en 767.

21ᶜ. Galdo.

22ᶜ. Saint Jérôme, en 815.

23ᶜ. Jonas, de 817 à 829.

24ᶜ. Gerfude, en 834.

25ᶜ. Hugues Iᵉʳ.

26ᶜ. Heriman, de 840 à 860.

27ᶜ. Raginus.

28ᶜ. Albon Iᵉʳ, en 862.

29ᶜ. Lindo, en 864.

30ᶜ. Albon II, de 866 à 882.

31ᶜ. Emmenus, de 885 à 891.

32ᶜ Franco, de 894 à 903.

33ᶜ. Atton, de 908 à 910.

34ᵉ. Launon, en 916.

35ᵉ. Tedulgrin, de 935 à 947.

36e. Gosbert, de 948 à 955.

37e. Gerard.

38e. Natran, de 959 à 978.

39e. Roclenc, de 986 à 1001.

40e. Hugues II, dit Champalement, de 1013 à 1067.

41e. Manquin, de 1068 à 1074.

42e. Hugues III, de 1074 à 1090.

43e. Gui, de 1095 à 1098.

44e. Hervé, de 1099 à 1110.

45e. Hugues IV, de 1113 à 1120.

46e. Fromond, de 1121 à 1144.

47e. Ceoffroy, de 1146 à 1154.

48e. Bernard de Saint-Sauge, de 1160 à 1177.

49e. Thibaud, de 1177 à 1188.

50e. Jean, de 1188 à 1191.

51e. Gautier, de 1196 à 1201.

52e. Guillaume Ier de Saint-Lazarre, de 1201 à 1221.

53e. Gervais de Châteauneuf, en 1221.

54e. Renaud, de 1223 à 1230.

55e. Raoul de Beauvais, de 1232 à 1238.

56e. Robert dit Cornut, de 1240 à 1252.

57e. Henry Cornut, en 1253.

58e. Guillaume II de Grandpuy, de 1254 à 1260.

59e. Giles Ier de Chateaurenaud, de 1273 à 1277.

60ᶜ. Giles II de Chatelet, de 1277 à 1283.

61ᶜ. Giles III de Mauclas, de 1285 à 1264.

62ᶜ. Jean II de Savigny, de 1296 à 1314.

63ᶜ. Guillaume III Beaufils, de 1315 à 1319.

64ᶜ. Pierre Bertrand, en 1322.

65ᵉ. Bertrand Vasco, de 1329 à 1332.

66ᶜ. Jean III Munderilain, de 1333 à 1334.

67ᶜ. Pierre II Bertrand du Colombier, en 1337.

68ᵉ. Albert Acciujoli, en 1340.

69ᵉ. Bertrand II de Fumello, de 1341, à 1356.

70ᶜ. Renaud II de Moulins, en 1360.

71ᵉ Pierre III Aycelin de Montaigu, en 1370.

72ᶜ. Jean IV de Neuchatel, en 1371.

73ᶜ. Pierre de Villiers IV, en 1372.

74ᶜ. Pierre V de Dinteville, de 1375 à 1379.

75ᶜ. Maurice de Coulanges la Vesieuse, de 1380 à 1394.

76ᵉ. Philippe de Froment, de 1394 à 1400.

A compter de 1400, les noms des évêques se trouvent indiqués aux *Annales*.

Les points les plus élevés de la Nièvre, qu'on aperçoit de Decize, sont les montagnes de Presnay, à 887 ^{m} 70 de hauteur au-dessus du niveau de la mer, et Beuvray, à 860 ^{m} 50.

Le lit de la Loire, qui enveloppe Decize, au pont de Nevers, s'élève au-dessus du niveau de la mer de 172 mètres 66. Son cours est de 89 kilomètres et sa pente de 30 metres; en Touraine, de 33 millimètres par mètre.

Ce fleuve fut endigué en 809 sous Louis-le-Débonnaire, élargi vers 1160 par Henri, roi d'Angleterre, comme comte d'Anjou et de Touraine. Enfin ses digues furent perfectionnées sous Louis XIV.

INTRODUCTION.

FAITS, RÉCITS, ÉVÉNEMENTS JUSQU'EN 1400.

Heureux le pays dont on ne peut écrire l'histoire! Les années se sont succédé pour lui sans laisser de traces ; aucune date ne rappelle d'événements sinistres ; il traverse les temps sans fixer l'attention, sans émouvoir les hommes ; aucun écho du passé, du présent ne retentit pour répéter des accents de joie ou des cris de douleur. Comme sur la tombe d'un bon bourgeois, on pourrait graver en tête de sa chronique : « Si l'obscurité a été son partage, il lui a dû son bonheur ! » Il n'est pas bon de faire parler de soi.

Il n'en fut pas ainsi de Decize, notamment en 1525.

Decize, comme le dit Joly dans sa *Vie de Guy Co-quille*, « a un air attrayant, pur, serein et l'assiette » fort agréable, relevée en dedans d'une douce col-
» line et baignée de ses extrémités de la rivière de
» Loire, et de tous côtés en forme d'île, tirée en ovale,
» et ayant à gauche une grande contrée de plantu-

» reuses forêts devers la Bourgogne, et des campa-
» gnes fertiles à la dextre contre le Bourbonnais, avec
» un vignoble très délicieux. »

Donc Decize, par sa situation sur un rocher, sur
un monticule naturel, entourés par deux bras de la
Loire, a dû, dès le commencement des âges, donner
l'idée d'y établir une cabane, ensuite d'y grouper des
maisons, peu à peu d'y former un hameau, un village,
un bourg, une ville, et avant le dernier terme d'agran-
dissement, un château et des remparts se sont élevés,
des fossés se sont creusés pour les défendre. Alors
l'unité d'intérêts de gouvernement n'existait pas pour
la France ; le Nivernais était un petit Etat contenu
dans un plus grand ; il était lui-même fractionné en
diverses seigneuries jalouses les unes des autres, et
décidant entre elles par le droit de l'épée.

Dans les âges reculés où l'on n'écrivait pas, où la
tradition racontait les événements par le père au fils,
et par celui-ci à ses descendants, peu de faits ont
surgi, tant l'obscurité les enveloppait.

Les Romains, en célébrant leurs victoires, leurs
conquêtes, heureusement faisaient connaître les peu-
ples qu'ils combattaient, mais seulement dans l'intérêt de leur gloire. Aussi, en ouvrant les *Commen-
taires de César*, voyons-nous que, pendant son séjour dans les Gaules, étant à Decize (*dece decetia*,
station romaine marquée dans l'*Itinéraire d'Anto-
nin*), il convoqua le sénat des Educs pour régler un
différend qui existait entre eux pour deux prétendants
à la magistrature de Bibracte. Presque toute la na-

tion s'y rendit, ce qui prouve que déjà Decize était considérable. César ayant appris de quelques Eduens qu'il avait interrogés en particulier, que Cotus avait été proclamé par son frère Vergobret, dans un lieu et à une époque autre qu'il n'eût fallu, et qu'au fond les lois ne permettaient pas au parent d'un magistrat sorti de la fonction suprême d'y être promu, ni même d'être admis au sénat tant que vivrait l'ancien élu, obligea Cotus de se démettre, et il ordonna que Convictolitan, nommé par les prêtres, selon l'usage, pendant les vacances, garderait le pouvoir.

Pour prix de cette médiation, le conquérant de la Gaule demanda à ses alliés 6,000 fantassins et leur cavalerie. Pour César, demander c'était ordonner, et on lui obéit.

Depuis, le char de guerre des Romains creusa profondément son ornière dans le sol des Gaulois; partout on voit de ses traces.

Ici, on trouve enfouïes des monnaies, des médailles, cachées par la peur pendant les troubles civils. Là, on découvre des statues, des objets d'art, des armes, des amphores, échappés à l'incendie, aux dévastations. Voulez-vous des preuves du passage, de la résidence des Romains? voyez les voies antiques qui rayonnent autour de la ville, voies qui recèlent dans leur sein des urnes, etc. Voyez encore, à peu de distance de Decize, des lieux à appellations romaines, telles que Germancy, *villa Germanici;* Fleury, *villa Flori;* Cossaie, *villa Coccei;* Dienne, *lucus Dianæ.*

Sur le flanc du rocher qui domine Decize, à la base

des remparts du château, dans leurs fondations, il existe des débris de frises, de fûts de colonnes, de chapiteaux où l'on voit des foudres entrelacées, de larges et longues pierres entaillées en queues d'hirondelles, afin de les maintenir, en formant de parties un tout, ce qui démontre que là s'élevait un temple païen.

A quelle époque le christianisme s'établit-il dans cette ville ? On ne saurait le fixer, seulement, on sait que deux saints ermites, qu'on nomme Euphrasius et Auxilius, s'étaient réfugiés dans une grotte, en 558, et que cette grotte a été changée en chapelle, et qu'enfin elle a formé, par la suite, la crypte de l'église actuelle de Saint-Aré.

Arégius (saint Aré), évêque de Nevers au vi^e siècle, choisit cet oratoire pour le lieu de sa sépulture.

De pieuses légendes disent que ce saint prélat fit des miracles pendant sa vie et après sa mort; qu'il ressuscita son disciple saint Our, qui s'était noyé dans la Nièvre, au lieu qui porte encore son nom. Cette tradition, qui nous est parvenue, doit être respectée, soit qu'on la place parmi les miracles, soit qu'on l'attribue au courage, au dévouement du saint évêque : la religion et l'humanité arrivent au même but, par une bonne action !

Continuons d'analyser la légende de saint Aré. Après sa mort, conformément à ses désirs, il fut placé dans une nacelle sur la Loire, avec une croix et des cierges allumés, et cette nacelle, sans secours humains, ni voile, ni rames, remonta le fleuve jusqu'à Decize, où elle s'arrêta.

Le saint prélat fut inhumé dans la crypte qui, à cette époque, était dédiée à Notre-Dame-de-la-Grotte (dédiée probablement peu de temps avant). Plus tard, elle fut mise sous le vocable du saint à qui elle avait fourni un tombeau, qu'on voyait encore en 1789. On venait le visiter de tous les points du diocèse afin d'être guéri de la fièvre. Les évêques de Nevers vinrent aussi souvent honorer les reliques de leur illustre prédécesseur.

Sa fête se célèbre le 16 août, chaque année. Le vaisseau de l'église n'a point d'ensemble : bâti et rebâti à plusieurs époques, le plan primitif a été altéré ; il a éprouvé beaucoup de changements. L'architecture du chœur indique une construction romane, ainsi que la porte latérale, caractère du xiie siècle. Elle est ornée de deux colonnes (une d'elles est faite au tour) que l'artiste a couronnées de chapitaux représentant un âne pinçant de la harpe et un renard de la viole ; la voûte est en anse de panier, et les venteaux sont du xvie siècle. Deux absides terminent l'église au levant. Le clocher, peu élevé, s'élance du transsept gauche ; il a été construit en 1550. A l'entrée de la porte décrite, se trouve une chapelle du xve siècle, et à sa suite, une autre chapelle de la fin du même siècle. Non loin d'elles, un bénitier existe au dehors.

La crypte a un autel où sont sculptés plusieurs sujets religieux surmontés d'une statue dite : la Bonne-Dame-de-Sous-Terre. Au-dessus, dans un angle, s'élève en spirale un escalier pour conduire rapidement au clocher. Sans se tromper, on peut assurer qu'il date de François Ier.

Le grand portail et la façade ont été restaurés en 1753.

L'intérieur n'offre rien de curieux, excepté seulement deux bénitiers en fonte et des fragments de bas-reliefs.

Pour terminer la notice sur l'église de Saint-Aré, je rappellerai que, le 22 février 1842, les vieux murs du château, s'ébranlant sur leurs bases romaines, se sont écroulés sur l'église récemment réparée et ont réduit en ruines la partie orientale et notamment la chapelle de la Vierge qui, depuis, a été réédifiée dans le style gothique.

Les dates des fondations des églises de Saint-Pierre, Saint-Privat, de Saint-Thibauld, annexées à une maladrerie, de la chapelle de Bonne-Nouvelle, de Notre-Dame-de-Pitié, de l'église de Saint-Maurice, n'ont pu être découvertes.

1028. — On sait seulement qu'en 1028, le prieuré de Saint-Pierre, alors aux Bénédictins, existait déjà. La tour et le chœur de l'église datent de cette époque. En 1257, la maladrerie existait également, laquelle était desservie par des religieuses.

1194. — Un peu avant, en 1194, Pierre de Courtenay, comte de Nevers, fit entourer de murs et de fossés la ville de Decize.

Un vieux auteur contemporain dit que le haut de la

ville, dès cette époque, avait des murailles comblées de terre jusqu'à leur cîme ; il en résultait que les jardins et le sol situés à cette élévation dépassaient en hauteur les cheminées des maisons bâties au pied des remparts.

On ne saurait douter de l'importance de la ville : elle avait alors à la tête de son école Hugues de Bray, homme ayant plus de science que de conduite. Ses écoliers se livraient au jeu et négligeaient leurs études. Tel maître tels élèves. Les habitants demandèrent sa destitution, destitution bien méritée. Il fut remplacé par Guillaume de Charny.

1226. — Comme Nevers, Decize dut l'abolition du servage à la charte d'affranchissement que donna la comtesse Mahaut, fille de Pierre de Courtenay, mariée en 1189 à Hervé, baron de Donzy, et remariée en 1226 à Guy, comte de Forez. A cette date, on trouvait stipulé dans les contrats que les mariages seraient francs, suivant la coutume de dame Mahaut, comtesse de Nevers.

1279. — En 1279, le diocèse de Nevers était divisé en deux archidiaconnats. Celui de Decize comprenait la juridiction de quatre archipréverez, savoir : Decize, Moulins-en-Gilbert, Chatillon, Thiange. L'archiprêtré de Decize renfermait aussi vingt-deux paroisses : l'église collégiale de Dornes, du monastère de Sainte-Claire, des prieurés de Montempuy, de Saint-Pierre, de la Chapelle-aux-Chats, de Lucenay-aux-Aix, de Saint-Loup-sur-Abron, de Saint-Symphorien, de Cossaye, de la paroisse de Saint-Privat, de la chapelle de

Saint-Thibault, de Notre-Dame-de-Bonne-Nouvelle, de Notre-Dame-de-Pitié, due à la famille de Guy Coquille, qui l'avait fait bâtir sur le domaine de la Grange-Mornat, à présent Pitié. Cette chapelle n'existe plus ; mais des gens superstitieux veulent que, de temps en temps, à l'approche d'événements sinistres, on entende sa cloche tinter des glas funèbres.

Cette propriété appartient actuellement à Mme la comtesse du Prat.

1311. — En 1311, Louis de Flandre se retira dans son comté de Nevers : il y commit toutes sortes de violences. Sur la plainte des habitants, il est cité à la Chambre des pairs du royaume. Il n'y paraît pas. Il s'enfuit en Flandre ; ses enfants, voulant l'imiter, sont arrêtés par les sergents de Philippe-le-Bel et détenus au château de Decize.

1316. — Bientôt, en 1316, il survint un traité de paix. Le comte de Nevers rentra en grâces auprès du roi de France, qui fit remettre en liberté ses fils.

1332. — Dès 1332, le prieuré des Bénédictins forme paroisse.

1346. — Comme on l'a vu, avant 1346, il est question de la famille des Coquilles. Ses noms se trouvent mêlés aux fastes de la ville ; depuis cette époque, leurs descendants existent encore, mais non de la branche directe de l'illustre Guy Coquille.

1356. — Ici, l'intérêt des événements exige d'abandonner une analyse trop sèche et trop succincte. En 1356, après la bataille de Poitiers, où le roi Jean avait été fait prisonnier, les Anglais remontèrent la Loire.

1359. — Les Anglais s'emparèrent, du château de Druy, et de ce point fortifié ils menaçaient tous les environs. Il est certain que la ville de Decize serait tombée en leur pouvoir sans la solidité de ses remparts et la valeur de ses habitants. Aussi, de tous les côtés, venait-on lui demander un asile, asile qu'on accordait généreusement. On vint également de Tinte, petite ville champêtre ayant un port sur la Loire. Aussitôt les jeunes gens de Decize équipent des bateaux chalands qu'ils laissent entraîner par le cours du fleuve. A peine arrivés au rivage; ils embarquent enfants, femmes, vieillards, des bestiaux, des provisions de toute nature, et pour ne point laisser de vivres, de ressources aux ennemis de la France, par une inspiration patriotique, ils mettent le feu aux maisons. L'incendie se propage et dévore tout; Tinte n'est plus qu'un amas de cendres et de ruines !!

Cet acte de généreux patriotisme fut puni par l'amende et la prison par Jahan de Jaucourt, qui gouvernait alors pour la maison de Bourgogne. Il prit prétexte d'une destruction si héroïque pour finir de ruiner des gens déjà trop malheureux.

Ce qui fut crime à Tinte en 1359 est devenu vertu à Moscou en 1813. Autre temps, autres mœurs, les actions, sans changer, n'ont plus la même valeur, et pour cela, un pas du temps suffit.

Sans avoir égard aux dates, présentons quelques

documents avant d'arriver aux Annales de la commune, documents qui feront comprendre plus facilement la suite de cette histoire.

Trois co-seigneurs possédaient à Decize les droits de lods et ventes : 1° les Minimes, pour le couvent de Saint-Pierre ; 2° la famille de Lunas, pour la vieille tour qui s'élève en face de l'église des Minimes ; 3° la famille de Chassenay, pour la tour de Beaugy dont les restes existent encore auprès du grenier à sel.

Avant 1300, la terre de Germancy, à présent à Mme la comtesse du Prat, était possédée par la famille Devault ou Devaux allodialement, c'est-à-dire sans redevances féodales envers aucun seigneur dominant. Cette possession avait d'autant plus droit d'étonner que le sieur Devaux n'était qu'un simple bourgeois. Plus tard, nous reviendrons sur ce fait singulier. Un de ses descendants, Claude Devaux, président à la Chambre ducale, obtint du duc de Nivernais, le 8 août 1701, que cette terre fût érigée en fief donnant basse et moyenne justice. Cette cession entraîna une foule de procès qui, même en 1789, lors de l'abolition des droits féodaux, n'étaient point décidés.

Les historiens du XVIIe siècle sont injustes : ils n'admettent de liberté pour la France qu'à dater de l'ère de 1789. En vain les vieux chroniqueurs attestent que, dès le règne, de Louis-le-Gros, et même avant, les communes furent affranchies ; en vain cite-t-on les chartes qui le prouvent, ils en doutent et cherchent à en faire douter. Dès 1389, nous trou-

vons les noms d'échevins électifs, tels que : Simon
Comail, Simon Quart, Pierre de Druy, lieutenant du
comte de Nevers. Qu'importe ? Il y a des hommes qui
ne veulent croire que ce qui étaie leur système. La
passion empêche de voir ou de bien voir. Cependant,
comme nous l'avons déjà démontré, dès 1189, la ser-
vitude sur les choses et les hommes était déjà abolie.
Avant 1300, la ville de Decize était gouvernée par des
magistrats produits de l'élection. Cette élection avait
lieu à deux degrés : d'abord le populaire élisait
soixante-cinq délégués, comme on le verra plus tard ;
ensuite ceux-ci élisaient quatre échevins, un contrôleur, un procureur du denier commun, un trésorier
ou receveur communal.

Les élus ne restaient en fonctions qu'une année, à
moins de circonstances plus fortes que l'usage. Les
comptes de ces fonctionnaires étaient vérifiés et jugés
en assemblées publiques.

Remarquons que ce ne fut qu'en 1406 qu'un sy-
node prescrivit aux curés de tenir des registres des
baptêmes, et seulement en 1464 qu'on leur enjoi-
gnit de constater les mariages et les décès ; qu'enfin ce ne fut que par l'ordonnance d'Amboise, du 26
mars 1555, qu'on défendit d'altérer les noms. Ainsi,
il ne faut pas s'étonner des différences que présentent certains noms de famille.

A dater de 1400, les matériaux historiques deve-
nant plus nombreux et moins obscurs, offrant par conséquent plus de certitude et moins de lacunes, le récit
sera présenté sous la forme d'annales, petits cadres

intéressants qui, réunis, formeront l'histoire de notre ville, rappelleront les phases par où nos pères seront passés.

Comme il n'entre pas dans notre plan de narrer les événements ou les faits qui se sont déroulés beaucoup au-delà de nos murs, il ne faut pas s'attendre à des drames bien émouvants, si ce n'est cependant le sac de 1525. Nous donnerons donc seulement l'analyse des faits ou des souvenirs saillants de chaque année.

ANNALES

DE LA

VILLE DE DECIZE

Depuis le XVᵉ siècle jusqu'à nos jours,

⁂❦❧⁂

XVᵉ SIÈCLE.

—◦❦◦—

1400. — Jean-Sans-Peur, depuis la mort de son aïeul Louis III, portait le titre de comte de Nevers. Philippe-le-Hardi et Marguerite réglèrent le partage de leurs enfants. Ce partage attribua à leur troisième fils, Nevers, Donzy et Rhetel. Robert III, de Dangeul, est évêque de Nevers de 1400 à 1430.

Le noble seigneur Guillaume de Champlemis, étant à Decize, ordonne de raser quelques maisons pour élargir les rues, par mesure de salubrité et de précaution contre l'incendie. Alors, les maisons étaient bâties en bois.

1403. — A cette époque, furent élus échevins Jean Eymoise, Jean Pin, Marc Auclère, Guillaume Villevelle, Jean Saint-Père, procureur du fait commun. Jean Chalopin, receveur, présente ses comptes annuels aux échevins et aux notables qui avaient été élus suivant l'usage, et ces comptes furent examinés, discutés et approuvés.

Rappelons les noms des habitants qui prirent part à cette vérification : Jean Bergeron, Pierre Deganay, Jean Raymond, Philippe de Lucenay, Pourçain Plaicault, Jean Chevrier, Pierre Coquille, Jean Coquille, Jean Eymoise, Jean Pierre père. En outre, il leur fut adjoint : Jacques Godet, G. de Fontaine, Drouin Lefèvre, Marc Auclère, Guillaume Pomereul, Le Casset, Guillaume Clément, Jagot, Guillaume Vignerault, Jean Barbier, Jean Rosière, Jean Caffélin, Henry Simial. Le compte est signé de Druy et Devaux.

L'énumération de ces noms, dont quelques-uns sont encore portés par de nos contemporains, est intéressante pour leurs descendants. Bien des familles nobles n'ont pas une origine aussi ancienne.

1404. — Échevins : Jean de Cray, Isambert Bonnevre, Jean Robin, Philippe Bevrois.

Alors Charles VII régnait. Les finances du royaume étaient épuisées, et pour comble de malheur, Henry de Lancastre faisait des progrès en France ; il fallait arrêter sa marche victorieuse. On fut donc obligé de lever un impôt extraordinaire, et la part de Decize fut de 280 liv. t., et qui furent acquittées entre les mains de Pierre Berthier, receveur des aides à Moulins en Bourbonnais, suivant quittance du 11 juillet.

Cette même année, le mercredi 15 mai, on célébra un service dans l'église de Saint-Aré pour le repos de l'âme de haut et puissant seigneur Philippe-le-

Hardi, duc de Bourgogne, où assistèrent trente-trois chapelains, savoir : le prieur de Saint-Pierre de Decize, appartenant alors aux Bénédictins ; messires Quenalle, curé de Decize ; Humbault, curé de Saint-Pierre-le-Moutier ; le sacristain de Saint-Pierre de Decize, frère Jean Franchi ; les curés de Chassenay, paroisse détruite, de Champvert, de Cossaie, de Saint-Maurice, paroisse détruite, de Saint-Léger-des-Vignes, de Sougy, de Brain, paroisse détruite, de Moûtier-en-Glénon, et frère Jean Maucias, Jean de Saint-Gervais et Guy de Bourbon, Guillaume Maron, Pierre Baillen, Jean Lymosin, Jean Judas, Hugues Robin, Jean Moustier, Lullier, Guillaume Dumoustier, Pierre de Moulins, Regnault-Tonnelier, Guillaume Agougmars, Jean Cote. La dépense de cette cérémonie funèbre s'éleva, pour eux tous, à 60 sols t.

1409. — Philippe de Bourgogne épouse en premières noces Isabelle de Coucy.

Le prieur de Saint-Pierre de Decize, comme membre dépendant de l'abbaye de Saint-Germain d'Auxerre, fait un abonnement avec les gens taillables de son prieuré. On sait que les Bénédictins ont été quelque temps co-seigneurs de la ville.

1411. — Échevins : Pierre Baillard, licencié ès-lois ; Hugues Coquille, Aré Périer, André Pomereul.

1412. — Échevins : Jacques Godet, Jean de Pournat, Charles de Balville, Isambert Bonnèvre.

1413. — Philippe de Bourgogne épouse en secondes noces Bonne d'Artois.

1414. — Échevins : Laurent Chamère, Guiot Charles N.

Les partisans du duc d'Orléans, désignés sous le nom d'Armagnac, avaient appelé les Anglais à leur aide, et ils ravageaient le pays ; afin de s'opposer à leurs progrès, les échevins prirent le parti d'envoyer à Crux Philippe Saint-Père près de M. Marcilly qui y commandait pour le roi, afin d'obtenir des secours. Ils ne se contentèrent point de cette démarche, ils dirigèrent des éclaireurs sur Dornes et Toury-sur-Abron pour surveiller la marche des ennemis.

1415. — Bonne d'Artois, est tutrice de ses enfants, Charles et Jean de Bourgogne.

Échevins : Maurice Colonge, Jean Balville, Guillaume Clément.

1416. — Le 25 octobre, bataille d'Azincourt : une grande partie de la noblesse y périt.

1417. — Échevins ; Maurice de Colonge, Jean Gobert, Regnault Barbier.

Maître Vincent Ferrier, Espagnol, jouissant d'une grande réputation de vertu et de sainteté, voyageait en France. Les habitants de la ville de Decize, ayant appris qu'il était de passage à Bourbon-Lancy, envoyèrent vers lui Hugues Palucau pour le prier de venir honorer leur ville de sa présence. Le messager reçut pour son voyage 11 liv. t. Le saint personnage, ayant accepté l'invitation, arriva à Decize le 9 décembre ; il fut reçu avec beaucoup d'honneurs et logea chez noble homme Henry Basserand, l'un des principaux notables et seigneurs de Lamenay. On éleva

une chapelle où l'illustre hôte dit la messe, etc., ensuite, on le conduisit à Nevers dans un bateau cou-
vert. Sa réception coûta 24 liv. 11 s. 10 deniers. Vincent Ferrier, qui depuis fut canonisé, allait prêcher
en Bretagne. Il mourut à Vannes en 1419.

Ce fut cette même année qu'un moine du prieuré
de Saint-Pierre fit représenter à Decize, pour la fête
de saint Aré, l'histoire de Lucifer, au grand émoi du
populaire.

1418.—Bonne d'Artois achète la baronnie de Luzy.

Échevins : Philippe Benoît, Charles Lallier...

Alors des gens d'armes occupaient le Bourbonnais.
Cette troupe passa l'Allier et se répandit jusqu'à
Lucenay. Les échevins envoyèrent un émissaire à
Cossaye pour en avoir des nouvelles certaines. Les
assises, qui devaient se tenir à Nevers, furent trans-
férées à Decize. On en ignore la cause.

Tout-à-coup, les bâtards de la Guiche et de Pony
se présentèrent aux portes de la ville avec leurs gens.
Après plusieurs pourparlers, les habitants obtinrent
que, moyennant 10 liv. t., ils se retireraient.

1419. — Échevins : Guillaume Charlet, Étienne
Coquille, Isambert Bonnière, Philippe Saint-Père.

A cette époque, le château de Druy était occupé
par une garnison employée par le seigneur à lever
des subsides particuliers sur le pauvre peuple de
cette baronnie. En 1419, fut bâti le couvent de Sainte-
Claire, par sœur Colette, native de Picardie, et prin-
cipale réformatrice de son ordre. Bonne ou Bénigne
d'Artois, comtesse de Nevers, lui bailla le tiers du

couvent et le plaça dans l'enceinte de son château. Sœur Colette fut canonisée. On lit dans sa vie plusieurs légendes édifiantes. Si l'on désire les connaître, il faut avoir recours à sa vie et à l'excellente Notice sur Decize, par M. Girerd.

1420. — Échevins : Maurice Colonge, Laurent de Chamère.

Les ennemis battent toujours les environs de Decize. Les habitants de cette ville font prier le chevalier de Champdié, commandant pour le roi, de venir tenir garnison dans leur cité, attendu qu'il n'y existait aucune troupe pour sa défense.

1422. — Charles VII, roi de France.

1423. — Minimes à Decize.

1424. — Philippe-le-Bon, par son mariage avec Bonne d'Artois, devient tuteur de ses enfants et prend le titre de comte de Nevers.

Cette même année, Bonne d'Artois, étant devenue veuve par la mort du comte de Nevers tué à la bataille d'Azincourt, réunit sa cour au château de Decize pour y célébrer son nouveau mariage, après lequel, comme on l'a dit ci-dessus, Philippe-le-Bon prit le titre de comte de Nevers.

Le roi de France, pour détacher le duc de Bretagne de ses ennemis, lui envoya plusieurs ambassades.

Le comte ou duc de Bretagne, d'accord avec son frère le connétable, arrêtèrent de faire savoir au duc de Bourgogne ce qu'ils avaient décidés dans cette occurrence. Raoul Cruel et Philibert du Veudre arrivèrent à Decize le jour même du mariage. Ces deux envoyés firent connaître le projet de leur souverain.

1425. — Réparation du puits Coquillard D.

1426. — Les habitants de Decize étant réunis en assemblée votent, pour Gilbert et Guillaume Coquille, une somme de 6 liv. t. pour subvenir aux frais de la représentation qu'ils se proposent de donner du mystère de la Passion devant le parvis du prieuré de Saint-Pierre. Effectivement, la représentation eut lieu la veille de l'Assomption, à la grande édification de la population.

1427. — Échevins : Gilles Gasset, Jean Boëras, Jean de Brain.

Ce fut en ce temps-là que le château de Rosemond fut enlevé à la dame de ce nom par le capitaine Gauthier Coignard, commandant pour le duc de Bourgogne. Il fut repris par Étienne de Jouville et rendu à à la dame de Rosemond.

On ne sait dans quelle vue des hommes, vêtus de peaux de loups et ayant des barbes noires, furent surpris dans les fossés de la ville ; ils étaient conduits par Beaulon de Lamotte-sur-Loire. Ce personnage fut saisi, mais n'ayant pas été convaincu des méfaits qu'on lui reprochait, il fut relâché, et, en outre, reçut une indemnité de 11 liv. t.

Le 3 septembre, M. de Paillard. chevalier seigneur de Meursant, gouverneur du Nivernais pour le roi, arrive à Decize et y fait son entrée le 4. On le reçoit avec pompe ; on lui donne à dîner et à souper chez Bergeron, hôtelier. A ce repas assistent Hugues de Druy, Jean Devaux, Jean Chalopin, Philibert Duverne,

Pierre Ducornier, Guillaume Robin, Gilbert et Henry Coquille frères, et plusieurs autres notables.

Le 22 octobre, les ennemis se montrent dans les environs de la ville. Les magistrats envoyèrent prévenir MM. les membres du conseil du duché du péril qui les menaçait. Ceux-ci firent savoir et connaître, par un courrier, à M. de Villarnois qui commandait à Champallement, leurs propres craintes. Pendant ces allées et venues, les ennemis se retirent.

1428. — Étienne Maulchausse était recteur des écoles.

1429. — Échevins : Jean Coquille, Guillaume Robin, Jean Gobert, Étienne Parpis.

Les ennemis, qui avaient occupé le château fort de Rosemond et qui, de là, avaient enlevé plusieurs habitants notables de Decize, entre autre Étienne Parpis, menaçaient d'assiéger la ville. Alors, on prit des précautions pour leur résister.

1430. — Pierre VI de Rugues, élu évêque.

Échevins : Henry Coquille, Pierre Bergeron, Rollet Bezard, Jean-Étienne-Barbier.

La guerre que les Anglais faisaient à la France la rendait si malheureuse, et particulièrement ses propriétaires de fiefs, que ceux-ci avaient été obligés d'abandonner leurs terres faute de tenanciers et d'habitants.

1431. — Échevins : Philibert Taillefer, Laurent de Chanieres, Guillaume de Savigny, Guillaume Gosset

Le Vendredi Saint, le prince d'Orange, l'évêque de Rennes, et M. de la Trémouille passent à Decize pour traiter de la paix avec le duc de Bourgogne, au nom de Charles VII. On leur fait une brillante réception avec illumination et hommage de vin. Leur entrée coûte 34 liv. 15 s. 10 deniers t.

Pour donner une idée de l'administration de la ville, il est nécessaire de rappeler les formalités et les usages que l'on suivait à l'occasion de la reddition d'un compte communal. On analyse. A son de trompe, on réunissait en assemblée générale tous les habitants, soit dans l'église de Saint-Aré, soit dans celle du prieuré de Saint-Pierre. Ces habitants nommaient des notables pour les représenter. Le receveur etait nommé aussi à la pluralité des voix, comme les autres officiers de la ville. Les comptes étaient dressés en quatre expéditions, dont une pour le comptable, la seconde pour la cité, la troisième pour la Chambre des comptes, et la quatrième pour le notaire contrôleur, qui devait signer chaque article des recettes et des dépenses. En 1431, ce fut Guillaume de Savigny, receveur des deniers communs, qui présenta son compte, tant en recettes qu'en dépenses, du 1er avril 1429 jusqu'au 1er janvier même année, que lui succéda Jean Taillefer.

« Jean Coquille, Guillaume Robin, Jean Robin, tous trois échevins de la présente année, à tous ceux que ces lettres verront SALUT. Savoir faisons que nous, de l'assentiment de nobles et sages maîtres Hugues de Druy, Henry Boisserant, licencié ès-loix, Jean Devaux, Philibert Taillefer, Philippe Saint-Père, Jean Champurais, Perrot Coustelier, Étienne Bourachon, Charles Balville, Jean Balville et autres, assemblés à l'église de Saint-Aré pour les besognes et affaires de la ville à traiter, nous confiant à pleins de sens, de loyauté, prud'hommie et bonne diligence de Guillaume de Savigny, bourgeois de Decize ; par bon rapport qui nous a été fait de sa personne, icelui avons fait, institué, créé, établi, par ces présentes, faisons, avons, instituons et établissons receveur et commis au gouvernement de la recette de la ville, tant il plaira aux habitants, aux gages, profits, émoluments pour exercer ledit office loyalement, il a fait serment ès-main, en tel cas accoutumé. Ce donné en mandement à tous les fermiers et autres de ladite ville qu'il appartiendra, à requérir tous autres qu'audit Guillaume Savigny, en faisant, exerçant sondit office, obéissant, entendant. Il sera tenu et a promis de rendre bon et loyal fin de comptes, etc., desquelles choses nous avons requis Gerbert Barbier, élève juré de ladite ville, mettre son seing manuel, qu'il lui a mis à notre requête, etc., présenté en 1431.

» MISES ET RECETTES QU'IL FERA.

» *Recettes ordinaires.*

» La marque sur le pain, la petite mesure sur le vin débité à la petite pinte ; les barrages des ponts de Crotte et d'Aron, 20 deniers sur chaque minot de sel vendu au grenier à sel.

» *Recette extraordinaire.*

» Le droit sur la guette de la muraille de la tour du chateau, sur les chapellenies de la confrérie de Saint-Nicolas. »

1432. — Jean V Germain, évêque de Nevers.

Échevins : Jean et Henry Coquille, Guillaume Robin, Jean Godet.

On apprend qu'un nommé Vesigneu servait d'espion aux ennemis qui ravageaient le pays. On envoya Jean Baudet accompagné de quelques hommes pour s'emparer de sa personne. Il revient sans avoir pu réussir. Il reçoit pour son salaire particulier 20 sols t. Par prudence, les échevins font faire le guet sur les murs de la ville et leurs abords. Ils apprennent que des troupes étrangères étaient dans les environs et que leur principal corps était à Saint-Pierre-le-Moûtier.

1433. — Échevins : Jean Coquille, Henry Coquille, Jean Godet.

1434. — Échevins : Gille Gosset, Guillaume Pomereul, André de la Bruère, Guillaume Friant.

Des partisans, commandés par Jean d'Égreville, viennent assiéger le château de Druy ; en même temps, ils menacent Decize. Afin de se défendre, on garnit les murailles d'épines. En outre, les habitants achètent des munitions.

Druy fut pris vendredi 3 avril, et démoli pendant la première semaine d'août suivant. Par ordre du comte de Nevers, on envoie de Decize un tonneau de vin aux démolisseurs.

1435. — Charles de Bourgogne, devenu majeur, prend le titre de comte de Nevers.

Échevins : Jean Gobert, Guillaume Pomereul, Jean l'Ermite, Louis Boyette, Guillaume Coquille, procureur du fait commun.

Deux pages du seigneur de Rosemond se rendent près des habitants de Decize pour les prévenir que les ennemis (les Anglais), au nombre de 2,000, sont au Veurdre. On se prépare à les repousser, s'ils se présentent. Le 14 octobre, Ragot, chevaulchier du comte de Nevers, venant de Moulins-en-Gilbert, arrive à Decize et annonce que la paix avait été signée à Arras, le 22 septembre, entre le roi et le duc de Bourgogne. En récompense de cette bonne nouvelle, il est donné un salut d'or au messager.

L'assemblée des députés élus du Nivernais se tient à Moulins-en-Gilbert.

Les échevins en fonctions y envoient Guillaume Coquille pour traiter des affaires de la ville et les soutenir au besoin.

1436. — Échevins : Jean de Brain, Jean Gobert, André de la Bruère, Rolet Bezard.

A cette époque, on voit figurer au compte de la ville une somme de 4 liv. 12 sols t. pour fournir un trousseau à Marguerite Venguerot de Crécy étant devenue lâdre (lépreuse), et son état ayant été constaté par les mèris et barbiers. Elle fit citer les échevins de Decize à Nevers afin qu'ils lui délivrassent, savoir : un manteau de drap tondu, un chapeau, une cliquette et un Berry, des gants, une besace et un entonnoir. Ce qui fut octroyé. Par ordonnance de 789, Charlemagne défendit aux lépreux de se mêler au peuple.

1437. — Échevins : Gilles Gosset, Perrot, Coustelier, Isambart de la Pierre, Guillaume Coquille, Jean Blondet, recteur des écoles.

Dans ce temps, on avait l'habitude de faire l'essai du blé réduit en farine et provenant de la dernière récolte, en faisant fabriquer, par chaque boulanger, des pains de toute espèce, et, ensuite, on les distribuait aux malheureux.

Pierre Coquille, prêtre, recteur des écoles.

1438. — Le capitaine de Chabanne, qui commandait des gens d'armes, se présenta aux portes de Decize, avec intention de traverser cette ville ; mais, avant d'y consentir, les échevins envoyèrent un messager au comte à Nevers pour savoir s'il voulait le permettre. Celui-ci accorda l'autorisation demandée.

1439. — Échevins : Jean Bergeron, bachelier èslois, Rolet Bezard, Henry Coquille, Isambart Barbier.

Le bâtard de Bourbon, se trouvant aux environs de Ternan, de Vandenesse, de Champlois, voulant avec sa troupe passer la Loire, et ensuite l'Allier, fait demander aux habitants de Decize le passage par leur ville, et il lui est accordé.

1440. — Échevins : Jean Bergeron, Jean de Brain, Pierre Chalopin.

Découverte de l'imprimerie.

Pendant la semaine de Pâques, on monte la garde au pont de Crotte pour surveiller un grand nombre de pélerins qui arrivaient de Notre-Dame du Puy, redoutant qu'ils ne commissent quelques désordres.

Dans cette année, la ville est investie par deux troupes ennemies, l'une commandée par Mondat et l'autre par le seigneur de Gamache, au service du duc de Bourbonnais. Les habitants ne voulant point les recevoir, mais craignant que ces deux troupes ne s'unissent pour les attaquer, leur ferment leurs portes, et par forme de transaction, envoient aux deux camps du pain, du vin, des fruits, de l'avoine pour leurs chevaux. Autre crainte : le capitaine Brenpart, partisan du dauphin, étant arrivé avec ses troupes à Saint-Maurice, et menaçant Decize, le commandant de la place fit visiter les portes, afin de pouvoir opposer de la résistance au besoin.

Le 4 juin, on envoie des éclaireurs à Tinte pour s'assurer s'il n'y avait pas des gens de guerre embusqués dans ses carrières, et, en même temps, demander au sieur Villamoux, qui était au château de Druy, s'il n'y avait pas d'inconvénient à livrer passage au dauphin, à Mgr de Bourbon, qui étaient poursuivis par le roi.

Le duc de Bourbonnais envoie le capitaine Vanbergues, avec des troupes suffisantes, pour chasser le capitaine qui campait aux environs de la ville.

1441. — Échevins : Henry Coquille, Guillaume Pomereul, Regnault de Fontaine, Louis de Boyette.

Le 8 mai, de Paillard, chevalier bailli du Nivernais,

condamna Jean de la Pierre, seigneur de la Barre, à être détenu au châtel de Decize et à 500 liv. t. d'amende pour avoir enlevé de son lit messire Hugues Boyer, curé de Verneuil, l'avoir dépouillé de sa soutane, lié et l'avoir transporté sur la rivière d'Aron, près du moulin du Chastellier, et avoir fait le simulacre de le noyer. De la Pierre était accompagné de Jean de Balorre. Celui-ci ne s'étant point opposé à cet enlèvement, et ayant seulement retiré le pauvre curé de l'eau, ne fut condamné qu'à 100 liv. t. d'amende. Jean de la Barre ayant rappelé du premier jugement, fut renvoyé, mais, toutefois, obligé de donner caution, l'amende ayant été remplacée par quelques jours de prison.

Le bâtard d'Orléans passe à Decize en revenant d'auprès du duc de Bourgogne. Pour honorer son passage, on lui présente une queue et demie de bon vin et six quarteaux d'avoine pour ses chevaux.

Les 21, 22 et 23 octobre, les habitants de Decize élèvent des barricades à Saint-Privé pour préserver la ville de l'envahissement des gens du dauphin.

Les échevins passent un marché pardevant Barbery, notaire, avec Michaut, maçon, et Prault Moreau et Jean de Bourbon, voiturier, pour fournir et conduire au verger du châtel de Decize soixante-dix charrettes de chaux bonne, loyale et marchande, pour élever une tour à la muraille de la ville, pour servir et annoncer les affaires de la commune.

Le duc de Bourgogne entre dans la cité. Les échevins le reçoivent et lui présentent le vin comme c'était l'usage.

1442. — La tour, portant horloge et annexée à la muraille de la ville, entreprise l'année précédente, s'élève rapidement.

1444. — Jean VI Vivien, évêque de Nevers.

1445. — Jean VII d'Estampe, évêque jusqu'en 1461.

1447. — Échevins : Henry Coquille, Rolet Bezard, Regnault Fontaine.

1450. — Échevins : Gilbert Coquille, Guillaume Friant, Hugonin Devaux, Gilbert Gosset.

Jean Van-Eyck trouve la peinture à l'huile.

1451. — Échevins : Philippe Chalopin, Henry Coquille, Hugues de Cray, Rolet Bezard.

On célèbre à Decize un service funèbre pour le repos de l'âme de l'antipape Félix IV.

Le duc de Bourgogne, le comte de Nevers, le comte de Létange, ainsi que le chancelier de Bourgogne, permettent que l'église de Saint-Aré soit réunie au chapitre de Nevers. Les chanoines de Saint-Cyr s'y opposent.

1452. — Échevins : Philippe Chalopin, Guillaume Friant, Jean Robin, Rolet Bezard.

Les gens de guerre, qui étaient en garnison à Decize, y commettaient alors de grands désordres et fatiguaient les habitants : les échevins, afin de faire cesser leur indiscipline, envoyèrent à Entrain, où se trouvait le comte de Nevers, leurs doléances, dans l'espérance qu'on ferait déguerpir ces hôtes incommodes.

Jean Boudot, maître ès-arts, recteur.

1453. — Échevins : Rolet Bezard, Philippe Chalopin, Guillaume Friant, Jean Robin.

Gilbert Coquille, l'un des collecteurs de l'église de Saint-Aré, fait un marché devant Barbery avec Jean Bely, serrurier, natif de Lannoy, diocèse de Soissons, pour faire des treillages afin de défendre la fenêtre où doit être placé le chef de Mgr Saint-Aré.

1454. — Échevins : Henry Coquille, Antoine de Druy, Jean Robin, Guillaume Friant.

1455. — Échevins : Jean de Brain, Hugonin Devaux, Henry Coquille, Rolet Bezard.

1456. — Charles de Bourgogne épouse Marie d'Albret.

Le 26 juillet, les bourgeois de Nevers, afin de faire cesser l'épidémie qui régnait dans leurs murs, vinrent à Decize offrir à saint Aré et à sainte Claire des torches et des bougies enroulées sur des roues.

Pierre Billon, curé de Saint-Maurice, loue une maison pour les écoles.

1457. — Échevins : Henry Coquille, Philippe Chalopin, Antoine de Druy.

1458. — Échevins : Henry Coquille, Gilbert Coquille, Rolet Bezard.

Charles de Rivaux, écuyer panetier du comte de Nevers, et Hugues Coquille sont envoyés au pays de Bresse, près du comte de Dammartin et du prévôt des maréchaux de France porter des lettres de créances des habitants de Decize pour les affaires de leur ville. Ils reçoivent 26 liv. t. pour frais de leur commission.

1459. — Échevins : Antoine de Druy, Guillaume Friant, Jean Robin.

1460. — Le titre de pair de France est confirmé au comte de Nevers par Charles VII.

1461. — Louis XI.

Pierre VII de Fontenay, évêque jusqu'en 1499.

1462. — Étienne Boët, maître ès-arts, recteur des écoles.

A cette date, le roi des ménétriers de France, passant à Decize, conféra, par acte notarié, à un habitant le droit d'exercer son art.

1464. — Jean de Bourgogne succède, au comté de Nevers, à son frère Philippe.

1465. — Les magistrats de Decize achètent de Pierre Chalopin, bourgeois, au prix de 218 liv. t., une maison située dans la rue par laquelle on se rend de l'église de Saint-Aré à la place publique. Cette acquisition eut lieu avec l'autorisation de Jean Germain, conseiller du comte de Nevers et garde du scel de sa châtellenie.

Cette acquisition avait été décidée dans une assemblée des principaux habitants. Ici, on va rappeler leurs noms :

Achille de Druy, Gilbert Coquille, Étienne Sellier, Jean Gresle, Jean Durand, Guille de Rion, André Mauldine, Pierrot Jacot, Hugues Corneau, Jean Baillens, Jean Fanjoux, Laurent Chastetain, Étienne Forest, Regnault Paris, Jean Vacheron, Guiot Bouer, Thomas Amaury, Guillaume Damien, Jean Guillenot, Aré Friant, Jean Bezard, Louis Bonat, Henry Bourbon, Fiacre Compain, Jean Grand, Guillaume Blondat, Jean Thibault, Guillaume Guetas, Philippe Buzot, Vincent Pierre, Prive Haquet, Pierre Gossert, Henry Papit, Jean de Marry, Simon Dobinot, Laurent Choppain, Joannet Pelès, Jean Fornier, Pierre Populet, Jean Mounin, Guillaume Gendre, de Baillart, Geoffroy Chemillot, Aré Durand, Pierre Pillault, Guillaume Cordier, Jean Béle, Guillaume de Beauregard, Jean Chotin, Étienne Mathieu, Élien Tienne, Jean Cordier, tous bourgeois ou manants de la ville, et Regnault Tandon, crieur public.

Decize était dans l'obligation de fournir, chaque année, un ou plusieurs archers pour le service du roi. Voici le détail de l'équipement de Georges de Radonville au moment où il va à la montre à Nevers (passer la revue) : on lui fournit un hoqueton fait avec une demi-aune de drap rouge, une demi-aune de drap bleu, deux aunes de gros drap pour lui confectionner une jacquette. Pierre Bélard, couturier, reçoit, pour la façon, 8 liv. 4 d. t. Hugues Gauffilet, serrurier, fait une clef à son arbalète. On lui fournit de plus pour 11 sols t. des gardes et un gorgeron.

1466. — Échevins : Henry Coquille, Henry Coquille jeune, Jean Durand, Pierre Fautquelin.

Jean maréchal, maître ès-arts, recteur des écoles.

1467. — Échevins : Henry Coquille, Henry Coquille jeune, Philippe Chalopin, Antoine de Druy, Jean Robin.

1468. — Échevins : Philippe Chalopin, Pierre Gossel, Colas Tierde, Jean Boutequarré.

Mgr de Calabre entre à Decize. Tant pour reconnaître les services qu'il avait rendus à cette ville pendant le séjour qu'il y avait fait, que pour reconnaître encore ceux qu'il lui avait rendus à la cour, on lui offre un demi-tonneau de vin clairet, don qu'il accepta avec une grande joie.

Le prince Engilbert fait également son entrée à Decize. Les habitants, pour célébrer sa joyeuse arrivée, lui offrent 40 bichets (le bichet était de six boisseaux, et le froment valait alors 5 sols t.), 40 de seigle à 2 sols et 1 d. t., 40 boisseaux d'orge, 8 liv. de cire ouvrée, 8 muids de vin et plusieurs autres denrées. Le tout bien vu, bien examiné, valant ensemble 50 liv. 11 s. 8 d. t.

Cette même année, les échevins font représenter, le jour de l'Assomption, la vie de saint Adrien par plusieurs personnes de la ville. Cette représentation coûte 116 liv. t.

Jean Bernard, huchier (c'était ainsi qu'on nommait à cette époque les menuisiers), fut chargé de reconstruire les portes dites de Loire et de Crotte. Il se rendit à Nevers pour examiner celles de cette ville, et les faire particulièrement comme celle du Crou.

1469. — Échevins : Philippe Chalopin, Colas Tierde, Jean Boutequarré, Pierre Gosset.

1470. — Échevins : Philippe Chalopin, Jean Robin, Guillaume Pierre, Jean Boutequarré.

A cette époque, quatre-vingts gentilshommes étaient accourus au château de Druy, se disant suivis de 1,200 Bourguignons ; ne l'ayant point surpris, et ne pouvant s'en rendre maîtres, ils se retirèrent, et De-cize resta tranquille, d'autant que le comte de Nevers y résidait.

1471. — Échevins : Henry Coquille, Colinet Car-pentier, Philippe Chalopin.

Jean Chalopin, bourgeois, est député par les ha-bitants pour faire partie de l'ambassade du comte de Nevers, qui se rendait auprès du roi pour traiter des fortifications de Decize.

Gilles Fregnault est envoyé à Luzy, à Toulon-sur-Arroux, au Donjon, la première semaine de mai, pour savoir si, réellement, les Bourguignons se di-rigeaient sur ces villes.

1472. — Échevins : Philippe Chalopin, Henry Co-quille...

1473. — Échevins : Henry Coquille, André Pome-reul, Pierre Gosset, Guillaume Rodon.

1474. — Échevins : Henry Coquille, André Pome-reul, Étienne Sellier, Hugues Coquille. Subrogés aux échevins : Pierre Gosset, Guillaume Lynard.

Le seigneur d'armes, commandant une compagnie de gens d'armes pour le roi, à Decize, reçoit des plaintes sur l'indiscipline de ses soldats.

Jean Boutillat, écuyer, maître d'hôtel du comte de Nevers, pour réparations de la ville, envoya Fondeaut, dit Dubourg, chercher des bois de charpente aux bois de Druy, Ranget, Thiange, Beauduit, à présent Vanzé, de Colonge, Champloye, Beaumont, Toury-sur-Abron, Faye, Crocherat.

1475. — Échevins : Henry Coquille, André Pome-reul, Étienne Sellier, Hugues Coquille.

On apprend que Louis XI est à Moulins-en-Gilbert.

1476. — Échevins : Jean Robin, Pierre Baillard, Pierre Fautquelin, Henry Coquille.

1477. — Échevins : Henry Coquille, Jean Robin, Étienne Sellier, Pierre Gosset.

Pendant cette année, on renouvela les baux de passages aux ponts de Crotte et d'Aron. Voici les couditions imposées aux fermiers : Ils seront tenus de passer et repasser tous les habitants, ainsi que leurs familiers, domestiques, vignerons et autres qu'ils voudront mettre en besogne pour leur propre compte.

1478. — Louis XI va de Clameçy à Donzy.

Ce fut dans ce temps que l'hôtel-de-ville est trans-féré dans une maison concédée par un prêtre du nom de Jehan Gay, moyennant la fondation d'une messe par semaine et 60 liv. t. une fois payées. Cette mai-son tenait de la rue de l'église de Saint-Aré à l'église de Saint-Pierre.

1479. — Jean de Bourgogne, après avoir épousé, en 1471, Paul de Bretagne, épouse en troisièmes no-ces Françoise d'Albret.

Échevins : Étienne Sellier, Jean Chalopin, Martin Bert, Hugues Coquille.

Le capitaine Jacques Manchelier, écuyer, maître d'hôtel du roi, arrive à Decize avec des gens d'armes venant de la Franche-Comté. L'ordre qu'il sait main-tenir dans sa troupe étonne et charme tellement les

habitants qu'ils lui offrent en présent pour 32 sols
6 deniers t. de poissons de vin, et, en partant, ils lui
remettent encore deux feuillettes de vin.

Le mercredi, avant la mi-août, trépassa, à Nevers,
haute et puissante dame de Penthièvre, comtesse de
Nevers et de Braban. Le jeudi 19 même mois, il fut
célébré, en l'église de Saint-Aré, pour son obes, un
service auquel assistèrent treize prêtres, qui reçurent
57 sols t. Jean Corbin, peintre, peignit dix-huit écus-
sons et reçut pour salaire 11 sols 3 deniers t. Les autres dépenses à l'occasion de ce service s'élevèrent à
43 s. t.

1480. — Échevins : Hugues Coquille, Martin Bert,
Jean Robin, Victor de Druy.

Louis XI, roi de France, passe à Decize, venant de
Lyon. Les échevins font exécuter divers jeux. Colinet
Carpentier, notaire, se rend à Nevers pour y acheter
quatre aunes de Damas fleurdelysé, qui coûtent 24
liv. t. afin d'être employées. On loge le roi à Saint-
Privé, ainsi que les princes du sang. Les échevins,
au nom de la ville, lui présentèrent 12 tonneaux de
vin clairet, qu'ils avaient achetés 48 liv. t.

Dans ce temps, la duchesse de Nevers arriva à
Decize. Pour célébrer son entrée, on fit élever par
un charpentier un échafaud pour placer des ménétriers auxquels on distribua 44 sols 8 deniers t.

Une collecte, qui devait être faite dans la ville,
n'ayant pu être recouvrée, les échevins furent conduits en prison, comme responsables. Le chancelier,
Pierre de Morvilliers, vint aussi à Decize. Pour célé-

brer sa bienvenue, on lui présenta un tonneau de vin
clairet ayant coûté 104 sols 6 d. t.

A cette époque, il existait peu de ponts sur la Loire,
de sorte que les passages à Decize étaient fréquents
et onéreux pour la ville. C'est pourquoi, afin de se
faire un revenu, on avait mis un octroi sur les ponts
de Crotte et d'Aron.

1481. — Échevins : Pierre Baillart, Jean Durand,
Jean Boutequarré, Pierre Gosset.

D'après les ordres du roi, les échevins envoyèrent
Jean Germain et Victor de Druy à Saint-Pierre-le-
Moûtier pour assister aux États qui y étaient assemblés afin de délibérer sur la paix, ainsi que sur le
mariage du dauphin avec Madame de Flandre. Ils y
restent dix jours.

Famine.

1482. — Le roi renvoie aux habitants de Prémery
la robe de Nicolas Appleine.

Échevins : Jean Robin, Hugues Coquille, André
Pomereul, Victor de Druy.

L'évêque de Nevers vient à Decize bénir la place
où doit être placé le chef de saint Aré, dans l'église
de son nom.

1483. — Échevins : Aré Durand, Hugues Coquille,
Aré Varier, Pierre Gosset.

Le seigneur de Gassion, avec ses hommes d'armes,
menaçait Decize ; Pierre de Becharme, écuyer tran-
chant du comte de Nevers, vient avec ses archers,
par ordre de son prince, défendre la ville. Gassion se
retire.

1484. — Échevins : Pierre Gosset, André Pomereul...

Le 3 janvier, Philippe, comte de Flandre, envoie une ambassade au comte de Nevers pour demander en mariage sa fille Charlotte. Les échevins donnent aux gens de l'ambassade un demi-tonneau de vin clairet et cinq quarts d'hypocras, afin de les festoyer. Le tout coûta 90 s. t. L'entrée de l'ambassade se fit par le pont de Crotte.

1485.—Échevins : Jean Coquille, Aré Varier, Pierre Durand, Jean Sellier.

Les habitants de Decize, réunis en assemblée, autorisent les échevins à soutenir un procès contre le prieur de Saint-Pierre, qui refusait aux boulangers la faculté de faire cuire toute espèce de pain et de pâtisserie au four banal que ces boulangers tenaient à ferme du prieuré.

Blaise Coustelier, recteur des écoles.

1486. — Échevins : Hugues Coquille, Pierre Baillart, Aré Varier, Pierre Gosset.

Le jour de la Saint-Aré, les échevins font représenter les mystères de Sainte-Cécile. Ils chargent le peintre Jean Dubourg de peindre la scène. Il y fit figurer la gueule de l'enfer. Guillaume Martin, menuisier, y représente les dents de Lucifer. Barthélemy tend les tapisseries et fait paraître le cheval de saint Georges. Jeanne Damien, couturière, fournit un linceul noir. Le tout coûte 15 liv. 15 sols 1 denier t.

Jean Bourgoing, capitaine de Decize et écuyer, ayant donné aux habitants des sujets de plaintes, les

— 50 —

échevins chargent Aré Durand, notaire, de rédiger leurs doléances, et ils envoyèrent Gilbert Buisson les porter au bailly, à Nevers.

Le duc connétable de Bourbon étant à Decize, les échevins lui offrent un tonneau de vin et un bichet d'avoine pour tous les bons services qu'il leur avait rendus.

Les échevins chargent Drouin Cotignon, avocat, de réclamer contre les impôts qui avaient été mis en faveur du grand queux du roi (grand maître d'hôtel), tant sur les hôteliers que sur les autres marchands de viandes crues ou cuites.

1487. — Échevins : Pierre Baillart, Hugues Coquille, Aré Varier, Pierre Gosset.

Charles VIII, roi de France.

1488. — On achète de Jacques de Druy, drapier, pour 40 sols t. de drap pour deux paletots d'archers, ainsi que de la futaine pour couvrir les brigandines et gibecières.

1489. — Échevins : ...

Un mandement royal, signé des seigneurs de la Rivière, de Besançon, est envoyé à Decize par Philippe Beaulieu, commissaire du roi, pour exempter les bourgeois du service de la guerre.

Les échevins font jouer, le jour de Saint-Aré, la vie de sainte Barbe par des compagnons étrangers, qui reçoivent, pour prix de leur représentation, 21 liv. 13 sols 4 deniers t.

1491. — Jean d'Albret dispute le titre de comte de Nevers à un petit-fils de Jean de Bourgogne.

Jeanne d'Albret, veuve de Jean de Bourgogne, a pour douaire Donzy.

Le 3 octobre, d'Engilbert de Clèves fait son entrée à Decize sous le titre de comte de Nevers. Il y est reçu aux acclamations de la multitude. Les quatre échevins lui présentent les clefs de la ville et ils reçoivent son serment. Il promet de faire encore mieux que son prédécesseur et de garder leurs franchises et priviléges.

1492. — Mahault, comtesse de Nevers, affranchit toutes les filles pucelles de ses domaines (par une ordonnance qu'on rappellera), pourvu qu'elles se marient du vivant de leurs parents. Elles pouvaient emporter leurs meubles. Profitant de cette ordonnance, Tienette Brillault de Devay, en se mariant avec Philippe Buisson, fut reconnue affranchie.

L'Amérique est découverte.

1493. — Hugues Coquille, Aré Varier, Jean Belard, André Pomereul. Barbier, contrôleur, et Bergeron, receveur.

Élections, pour l'année 1493, des échevins et autres officiers municipaux faites en la maison de ville, le dimanche 14 janvier, en présence d'honorables et sages maîtres, Pierrot Baillart, licencié ès-lois, lieutenant de M. le bailly de Nivernais à Decize; Hugues Coquille, André Pomereul, Guillaume Robin, Aré Barbier, Guillaume Pierre, Pierre Pierre, Guiot Paillet, Guiot Coppin, pierre Archambaut, Jean Podemain, Guillaume Gérard, Philippe Berthier, Guille Pilaux, Rolland de la Chapelle, Philippe Rousseau,

Aré Durand, Jean Besson, Jean Foujoux, Jean Vignoble, Jean Historient, Guillaume Réponeau, Louis Lepeintre, Pierre Moillot, Pierre Bonneau, Guiot Guénauldin, Henry Moreau, Jean Roy, Sergent, Pierre de la Sareuse, Guillaume Journon, Pascaud Bussy, Guillaume Jaucourt, Étienne Martin, Gilbert Vignault, Pierre Danverin, Louis Chartain, Antoine Coquille, Guille Girard, Pierre de Druy, Guillaume Greveaut, Laurent Roussillon, Claude Piga, Antoine Martin, Jean Detygnon, Pierre de la Pierre, Guille Roglet, Noël Podemain, Étienne Baruchin, Georges Pillautx, Benoît Coppin, Jean Mogard, Michel Vas, Jean Préaut, Jean Marigny, Hugues Court, Jean Prot, Jean Picard, Rolland de la chapelle, Jean de Lantre, Guillaume Jouaneaut, Pierre Coppin, Pierre Moquat, Guillaume Blondat, Jean Pousset, Étienne Mordon, 66 votants. Les votants répartis, recueillis, indiqués par des traits | | | | |, ont donné à

Hugues Coquille	26 voix.
Pierre Macquet	20
Jean Bélard	50
Antoine Coquille	30
Aré Varier	46
André Pomereul	50
Jean Sellier	1
Gilbert Buisson	1
Guillaume Robin	12
Maître Pierre Pierre	22
Pierre Coquille	20
Étienne de Cray	18
Pierre Gosset	6

Ont été élus Hugues Coquille, Aré Varier, Jean Bélard, André Pomereul. Puis, on a procédé à l'élection des autres officiers.

Aré Barbier a été élu contrôleur au denier commun, et Jean Bergeron, receveur communal.

Jean de Noyon, maître ès-arts, recteur des écoles.

1494. — Échevins : Hugues Coquille, Aré Varier, André Pomereul, Macquet Pierre.

Pierre Bourbon, roi d'armes des arbalétriers.

1495. — Échevins : Hugues Coquille, Aré Varier, Guillaume Robin, Pierre Macquet.

Le duc et la duchesse de Bourbonnais arrivent à Decize. On accorde à des enfants 8 sols 4 deniers t. pour des prix et faire des farces.

1496. — Échevins : André Pomereul, Pierre Pierre, Pierre Macquet, Jean Bélard.

La reine de France, femme de Charles VIII, fait son entrée à Decize. Les échevins, au nom des habitants, lui offrent deux tonneaux de vin clairet achetés au prix de 15 sols t.

Étienne d'Auvergne, roi des arbalétriers.

1497. — Louis XII, roi de France.

Échevins : André Pomereul, Pierre Macquet, Jean Bélard, Gilbert Buisson.

Mme la comtesse de Nevers étant en couches, au château de Decize, de Mademoiselle Marguerite, les échevins vont lui faire visite et, ensuite, vont souper aux frais de la ville chez Barbier, hôtellier, où ils dépensent 9 sols 4 d. t.

Les échevins envoient à Nevers Saulpiquet porter

les brigandines, la salade, l'épée, de Georges Rondiville, franc-archer, fournis par la ville. Il reçoit 3 sols 4 deniers t.

1498. — Échevins : Guillaume Robin, grénetier au grenier à sel, Hugues Coquille, Aré Varier, Jean Bélard.

Le bâtard de Nevers vient à Decize, et comme il avait rendu des services à cette ville, elle lui offrit deux tonneaux de vin clairet ayant coûté 40 sols t.

La peste se déclare à Decize, importée de Nevers.

Les premières personnes qui en furent attaquées appartenaient à la famille de Laurent Bureau ; Jean Bélard et son fils ; Pasquier Flori et sa femme ; Guillaume Trefardon, Rolet Moreau, Pierre Chovilet et les filles de Laurent Tiraut en furent également atteints. Par ordonnance des échevins, on les mit hors de la ville avec défense d'y rentrer. Les gens qui venaient de Nevers n'étaient point reçus dans la ville. Cette même ordonnance prescrivait que, dans le cas où la maladie continuerait, on établirait un cimetière hors de Decize.

Pierre Ogier, maître des écoles.

1499. — Les habitants de Decize, le roi étant à Saint-Pourçain, lui font présenter une supplique tendant au dégrèvement d'impôts, attendu le mauvais état de leurs fortifications, fortifications qui étaient à leur charge ; qu'ils espéraient qu'on leur ferait remise de 376 liv. t. montant de leurs tailles, parce qu'ils étaient pauvres, voisins de la Bourgogne, par conséquent des ennemis de la France ; qu'ils demandaient de plus le huitième denier sur les vins vendus, tant dans la ville que dans les faubourgs, ce qui pourrait rapporter par année 60 liv. t. Il paraît que cette requête ne fut point admise, seulement, on leur accorda provisoirement 40 liv. t. pour les dépenses les plus urgentes, encore ne leur furent-elles pas payées. Alors, ils sollicitèrent d'être autorisés à percevoir sur les marchandises qui fréquentaient la Loire 600 écus d'or pour améliorer la navigation de ce fleuve. Ce n'est pas tout, quand on demande, on ne saurait trop demander ; ils réclamèrent de plus un octroi pendant douze ans sur chaque muid de sel qu'on vendrait en foire franche, le lundi de la Pentecôte.

Il résulte des faits et des événements relatés par la chronique du xv⁰ siècle que, même avant cette ère, les habitants de Decize avaient été affranchis. En effet, on les voit jouir de toutes les prérogatives d'hommes libres. Les co-seigneurs de la ville possédaient bien, il est vrai, des droits féodaux, mais ils ne portaient que sur les terres, les maisons, les fours communs, et non sur les personnes. Ils jouissaient de tous les avantages d'une émancipation presque complète.

Ils avaient leurs magistrats et leurs élections à deux degrés, parce qu'avant d'arriver à cette élection, ils nommaient des notables parmi lesquels on les choisissait.

Les collecteurs des impôts étaient des agents désignés et agréés par la multitude.

Pour défendre leurs murs, ils avaient une milice,

et ses chefs appartenaient à la cité. Ils possédaient un trésorier et un procureur du commun qui étaient dans l'obligation de rendre des comptes publics qui étaient présentés au populaire et approuvés par lui. Ce n'était pas une vaine formalité : l'assemblée qui les approuvait était réunie, soit dans l'église de Saint-Aré, soit dans celle du prieuré de Saint-Pierre.—Decize éprouvait-elle quelques malheurs, elle faisait une demande soit au comte de Nevers, soit au roi de France, et souvent, on autorisait cette ville à prendre part aux contributions pour les dépenses générales, comme par exemple les tailles.

Il est facile d'expliquer comment la vieille cité obtenait ces faveurs : les diverses branches de la maison de Bourgogne qui avaient possédé le comté de Nevers affectionnaient Decize. Son site, ses forêts, ses pâturages, son château, si facile à défendre, à cause des deux bras de la Loire qui l'enveloppaient, le leur avaient fait adopter comme résidence. Aussi, avons-nous vu de ses comtesses s'y remarier ou y faire leurs couches. Enfin, on a pu remarquer combien cette ville recevait dans son enceinte de personnages puissants. De là ses malheurs, de là ses dépenses, de là son importance comme lieu stratégique, ainsi qu'on le dirait de nos jours.

XVIᵉ SIÈCLE.

—◦§§§◦—

1500. — Ferrand d'Alméïda, évêque élu, et non confirmé.

L'année 1500 s'annonçait comme un siècle de révolutions politiques et littéraires, siècle qui avait suivi deux fameuses découvertes, celle de l'imprimerie et celle de l'Amérique, siècle où régnèrent deux souverains illustres : l'un François Iᵉʳ, roi de France, et l'autre Charles-Quint, roi d'Espagne ; l'un surnommé le père des lettres, l'autre, qui avait la gloire de dire : « le soleil ne couche jamais sur mes États. Tous les deux doués de qualités diverses et opposées : François, chevalier et guerrier par tempérament ; Charles-Quint, politique et patient par caractère. Le monde était trop étroit pour leurs vastes désirs. Ils devinrent rivaux. Si l'un régnait par l'épée, l'autre régnait par l'or. Leur rivalité fit le malheur de leurs sujets. Aussi, nous allons entrer dans une ère de souffrances, de malheurs, et Decize, tête de pont, ville de passage, lien du nord et du midi du royaume, devait naturellement être victime de sa position ; il ne faut, pour en être convaincu, qu'une seule chose, se rappeler les gens de guerre et les grands personnages qui sont entrés dans ses murs.

Comme on le sait, François 1er décida, par la suite, que tous les actes gouvernementaux et ceux des particuliers ne seraient plus écrits qu'en langue vulgaire. Aussi nos archives, tant pour l'idiôme que pour l'écriture, deviennent plus faciles à interpréter.

La féodalité étant comprimée, du moins dans les grandes principautés qui se trouvaient enclavées dans la France, principautés conquises ou acquises soit par les armes, soit par des mariages ou des traités ; le gouvernement ayant de l'unité, de la justice, de la force, pouvait protéger les hommes, leurs intérêts, et en échange des impôts qu'il exigeait, il accordait par compensation la sécurité.

1501. — Philippe II de Clèves, évêque jusqu'en 1506.

1504. — Arrêté de Louis XII, qui ordonne que les deux fils d'Engilbert de Clèves épouseront les deux filles de Jean d'Albret.

Antoine de Feurs, doyen de Lyon, et Imbert de la Platière, doyen de Nevers, se disputent le siége.

1506. — Charles de Clèves, comte de Nevers.

1507. — Échevins : Jean Guionin, Aré Bailleux, Antoine Coquille, Pierre Pierre.

1508. — Jean VIII Bohier, évêque jusqu'en 1512.

1509. — Échevins : Pierre Pierre, Jean Barbier, Étienne Sellier, Pierre Charras.

Les habitants ayant présenté une supplique au roi pour obtenir l'octroi de la maille sur le pain , les échevins envoyèrent Philippe Vezein à Dun-le-Roy, près de messire de Moulins, maréchal des logis de la cour, pour savoir si S. M. avait fait droit à leur demande.

1510. — Jean Decolonge , maître ès-arts, recteur.

1511. — Échevins : Pierre Pierre, Étienne Sellier, Aré Bailleux, Claude Piga.

Louis XII concéda l'octroi de 50 sols t. à lever sur chaque muid de sel, afin de réparer les fortifications de la ville.

Jean Dampjean, roi des arbalétriers.

1512. — Imbert de la Platière , évêque jusqu'en 1518.

Les seigneurs de Saint-André et de la Clète passent par Decize ; ils sont défrayés chez le sieur Jean de Chaulmégny, hôtellier, moyennant 48 liv. 4 sols t.

1513. — ... Hiver long et rigoureux.

1514. — Échevins : Jean Guionin , Hugues Germain, Guillaume Coppin, André Bailleux.

Les échevins sont députés à Saint-Pierre-le-Moûtier pour assister, délibérer, vaquer et accomplir la coutume de paix. Ils reçoivent pour indemnité de voyage et de séjour 25 liv. t.

Pierre Cousin, maître d'école.

1515. — François Ier, roi de France.

On reçoit tardivement une ordonnance de Louis XII qui octroye 20 deniers t. sur les marchandises qui passent sous les ponts, pour être employés aux

réparations des murs. Cette ordonnance fut enregis-
trée au bureau de Languedoc, qui siégeait alors à
Bourges.

Guillaume Lemercier, barbier, roi des arbalétriers.

1516.—Échevins : Antoine Coquille, Jean Guionin,
Étienne Sellier, Gabriel Robin.

Les adjudications des divers revenus communaux
finissaient le 31 décembre de chaque année. Pour
engager à faire des mises, on apportait sur le bureau
du vin, des gâteaux, et cette dépense, y compris la
chandelle, s'éleva à 7 sols t.

Monseigneur, comte de Nevers, vint à Decize pour
la montre (la revue) de la compagnie de Mgr de Saint-
André qui y tenait garnison. On lui présente 88 pin-
tes de vin qui coûtèrent 73 sols 4 deniers t.

1517. — Échevins : Étienne Sellier, Gabriel Robin,
Aré Bailleux, Antoine Coquille.

1518. — Jacques Ier d'Albret, évêque de Nevers
jusqu'en 1530.

Échevins : Jean Guionin, Jean Robin, Claude Piga,
Guillaume Coppen.

Plusieurs bulles de Léon X accordent des indul-
gences à ceux ou à celles qui visiteront l'église de
Saint-Maurice, depuis les premières vêpres jusqu'aux
secondes inclusivement, les jours de Saint-Maurice,
de Saint-Jérôme, de l'Annonciation de la Sainte
Vierge, la seconde férie de Pâques, le jour de la Dé-
dicace et la seconde férie de la Pentecôte.

1519.—Jean Robin, grenetier, roi des arbalétriers.

1520. — Échevins : Antoine Coquille, Jean Robert, Gabriel Robin, Claude Piga.

1521. — Charles de Clèves meurt en prison au Louvre, où il était enfermé.

Marie de Clèves devient tutrice de ses enfants.

Échevins : Étienne Sellier, Aré Bailleux, Claude Piga, Jean Durand.

Billard Cordin, Sellier, roi des arbalétriers.

1522. — Échevins : Étienne Sellier, Guillaume Coquille, Claude Piga.

1523. — Naissance de Guy Coquille, fameux légiste, poète, historien, magistrat.

1525. — Échevins : Guillaume Coquille, Dufond, Claude Piga, Guillaume Coppin.

Nous voici au sac de Decize, jours de malheurs, de massacres, de pillages, jours néfastes qui sont restés dans la mémoire de la population et que les pères racontent à leurs enfants.

Dans le cours du mois d'avril, de l'an de grâce 1525, il advint que Pâquet Coulon, natif de Fontaine, paroisse de Saint-Hilaire, diocèse de Nevers et de la châtellenie de Decize, arrivait à Lyon, venant d'Italie où il avait suivi notre seigneur roi, François Ier, en qualité de trésorier de ses gens de guerre, et il apprenait, dans cette grande ville, que 3,000 aventuriers, sous la conduite de Ludovic de Bellejoyeuse (comte), étaient envoyés en Picardie pour s'opposer déligemment aux menaces d'invasion des luthériens, et qu'ils devaient passer à Decize. Pendant ce temps, le monarque français expiait à Madrid sa défaite de Pavie.

Sa mère, la duchesse d'Angoulème, sans forces, sans argent, exerçait les difficiles fonctions de régente. Coulon, animé par l'amour de la patrie, et peut-être inspiré et conduit par une divination instinctive, prit les devants et fit en sorte d'arriver avant ces hommes indisciplinés qui ne vivaient que de rapines, afin d'avertir ses compatriotes du sort qui les attendait.

La comtesse de Nevers avait été prévenue aussi. Éclairée par le passé, par la conduite de la bande du capitaine Manlévrier et celle des lansquenets du duc de Cliffort, lesquelles bandes avaient commis des excès épouvantables en pillant les habitants, en violant leurs femmes, en défonçant leurs tonneaux. Aussi, elle défendait à ses fidèles serviteurs de ne point ouvrir leurs portes à ces étrangers, d'autant plus que l'enceinte de la ville était trop étroite pour loger tant de soldats. Le vendredi 12 mai, jour funeste, dès le matin, des chevaulcheurs de la troupe se présentèrent sous les murs demandant aux échevins Guillaume Coquille et Guillaume Coppin, qui étaient allés au-devant d'eux, le logis dans la ville. En vain les deux magistrats objectèrent-ils les ordres qu'ils avaient reçus et les désastres passés. Enfin, ils se résumèrent pour demander qu'on différât l'entrée des gens de guerre. Le nombre des aventuriers augmentant, Jean Pierre de la Roche, ou de la Bouc, seigneur du voisinage, se dévoua pour porter les doléances du peuple au comte, espérant réussir, parce qu'il avait connu Bellejoyeuse dans le Milanais. Vain espoir! Le chef n'est plus le maître de sa troupe.

Malgré l'opposition du peuple, on veut tenter un dernier effort. L'échevin Coquille, le seigneur de Roche, Antoine Germain, lieutenant du bailly du château, portent à l'inflexible chef l'offre de 200 écus et des vivres pour les soldats. Il est trop tard ! répond Bellejoyeuse. Les portes sont alors fermées, les remparts garnis de défenseurs, d'épines, de terre, de pierres, mais les habitants sont mal armés et inexpérimentés dans l'art de combattre. Que peuvent-ils contre des gens munis d'arquebuses et d'arquebutes ! Déjà les échelles sont dressées contre les murs, déjà le feu dévore la porte du pont de Crotte et son faubourg. A l'abri d'un auvent, d'une auberge, les Italiens font un feu vif et soutenu ; les remparts sont bientôt déserts, et, après trois heures de lutte, où ils avaient perdu peu des leurs, ils escaladent l'enceinte de la ville du côté du couvent de Sainte-Claire. Bientôt le château est forcé, l'église de Saint-Aré dévastée, les reliques, les ornements profanés ; l'archiprêtre Lyon Sellier, immolé à l'entrée de la crypte de la vierge ; les habitants assassinés ou livrés à des tortures qu'on ne saurait peindre et qu'on ne saurait décrire, la décence s'y refusant, afin de leur faire avouer les lieux où ils avaient caché leur argent, leurs bijoux. Les puits sont remplis de cadavres. Les femmes et les enfants sont livrés aux raffinements d'une débauche italienne. Pierre Charrot, receveur communal, est pillé, dépouillé ; il ne sauve que l'argent qu'il portait dans son aumônière. Que faisait le comte de Bellejoyeuse pendant ces scènes de car-

nage ? Il écoutait froidement les plaintes des victi-
mes ! Il s'était retiré au couvent de Sainte-Claire, et,
dans ce saint asile, Guillaume Coquille, Pierre Ogier,
curé, Edmond de Cray, Aré Mocquot, déguisé en
femme; Philippe Mathé, Pierre Archambaul et son
fils, Jean Belle et sa femme, Guillaume Guenauldin,
messire de Vite, Jeudi, y trouvèrent un abri contre le
pillage et les cruautés. Le dimanche, le comte parvint
à rallier ses gens et il les passa en revue sur le pont
de Loire, et parvint aussi à leur faire continuer leur
route.

Le lundi 15, quatorze personnes furent employées
à rechercher les habitants occis; on en trouva envi-
ron 300 qu'on enterra. Une infinité de bœufs, de
chevaux, de poulains, qui encombraient aussi la ville,
furent enlevés. Le *crot* (excavation) de la perrière du
prieuré de Saint-Pierre était rempli de corps jetés
par ordre du chef des Italiens dans la journée du 13.
Afin de nettoyer les rues, on fut obligé de faire venir
le métayer de Chevigny avec ses bœufs pour charger
les morts et les enterrer hors de la ville.

La relation de ce sinistre événement fut rédigée
par Besacier, commissaire du greffe de Nevers, pour
être présentée à M. de Chandio, grand provost des
maréchaux de France.

M. de Clenay, maître d'hôtel de Mme la comtesse
de Nevers, fut chargé d'aller près de Mme la régente
pour obtenir l'exemption de cinq années de tailles,
ce qui fut accordé de suite.

Après le départ des Italiens, les habitants, craignant

quelques nouvelles invasions, firent acheter à Nevers pour 280 liv. t. de plomb pour faire une plombée destinée aux arquebuses à crochets et à main. On acheta aussi, au prix de 10 liv. t. quatre roues pour les fauconneaux.

Claude Piga se rend à Nevers pour rendre compte à la comtesse de Nevers des malheurs de Decize, comme pillages, meurtres, etc., afin qu'elle les fît connaître à Mme la régente, espérant obtenir la maille du pain de petite mesure, 50 sols t. pour chaque muid vendu au grenier à sel, et, vu cet état malheureux, demander qu'on n'exigeât pas la fourniture de l'artillerie, hallebardes, piques, qui étaient commandées pour la défense commune.

André Bellaudier, recteur des écoles; Jean Pomyer, cordier, roi des archers.

1526. — L'état de détresse où la guerre avait réduit le royaume força le gouvernement du roi à faire demande de la moitié des octrois de la ville pour la caisse du Trésor, et Decize fut obligé de se conformer à cet édit.

Le couvent de Sainte-Claire est doté par Marie d'Albret, comtesse de Nevers.

1527. — Echevins : Antoine Gouin, Claude Piga, Pierre Chorret, Jean Duguet.

1528. — Hugues Devaux, Claude Piga, Guillaume Coppin, Jean Durand, échevins.

Une inondation considérable cause des ravages aux ponts de Decize. Une députation choisie parmi les habitants de la ville est envoyée près de la comtesse de Nevers, à la chapelle d'Aiguillon, pour lui demander l'autorisation de couper des bois dans les forêts, dans le but de réparer ses ponts.

1529. — Echevins : Hugues Devaux, Edmond de Cray, Guillaume Coppin, Pierre Belle.

Les prêtres de la confrérie de Saint-Nicolas sont tenus, au moyen de 20 sols t. pour chacun d'eux, toute l'année, de sonner l'heure du marché, lequel avait lieu à midi. Les préconiseurs de la ville portaient un costume particulier qui leur était acheté. Louis Vachier, qui l'était à cette époque, reçut une robe qui coûta 1 liv. 6 sols 3 den. t., faite avec trois aunes de drap, un quart de drap rouge et un quart de noir.

Le 14 avril, la peste se déclara à Decize et y exerça de grands ravages jusqu'à la fin du mois d'octobre suivant. Jean Dugain et Etienne Belard avec quatre adjoints furent chargés, pendant ce temps de calamité, d'enlever les morts et de faire nettoyer la ville ; ils reçoivent 8 liv. 16 sols t.

1530. — Echevins : Gabriel Robin, Guillaume Coquille, Guillaume Coppin, Jean Belle.

1531. — Echevins : Jean Pierre, Jean Sellier, Jean Robin, Pierre Piga.

1532. — Echevins : Hugues Devaux, Guillaume Coppin, Edmond de Cray, Jean Belle.

Cette année, Guy Coquille entra au collége de Navarre.

L'année 1532 présente un événement qui a quelque analogie avec celui de 1525. Nous retrouvons encore les aventuriers italiens sous les murs de Decize (revenant sans doute des guerres de la Picardie) ; ils escaladent les murs de la ville du côté des trois portes de Crotte, par le moyen de l'hôtel du Dauphin, qui, attenant aux murailles, n'avait pas permis de les défendre par un fossé profond. Ils furent repoussés dans leur tentative et causèrent peu de dommages, résultat qui ne ressemble guère au premier siége.

1533.—Échevins : Jean Robin, Pierre Piga, Pierre Pierre, Guillaume Coppin.

Jean Esmalle, roi des arbalétriers.

1534.—Échevins : Jean Robin, seigneur de Maron (Champvert), Guillaume Coquille, seigneur de Grénay, Jean Dugué, Jean du Poirier.

En 1534, Noël Bourgoin commença son travail sur la coutume du Nivernais ; il fut approuvé l'année suivante et imprimé. Le bréviaire à l'usage du diocèse fut imprimé également en 1534.

1535. — Échevins : Jean Robin, Gabriel Robin, Jean Coppin. Le seigneur de la Forêt, grand réformateur des places fortes du royaume, vient à Decize ; il ordonne des changements et des réparations aux fortifications. En outre, il fait procéder aux rôles des habitants, les fait organiser en milice, parmi eux choisit cinq capitaines pour les commander.

1536.— François Ier séjourne au château de Nevers. Échevins : Pierre Cottin, Pierre Piga, Pierre Cherrot, Pierre Belard.

1537. — François de Clèves.

Échevins : Simon Cottin, Jean Pierre, Pierre Archambault.

1538. — François de Clèves épouse Marguerite de Bourbon.

1539. — Le comté de Nevers est érigé en duché pairie.

Ordonnance de Villers Cotterets qui prescrit d'écrire les actes publics en français.

1540. — Charles Ier de Bourbon-Vendôme, évêque jusqu'en 1547.

1542. — Le roi de France accorde à Marie d'Albret, à cause de sa parenté, les profits des droits de gabelle du grenier à sel de Decize.

1543. — Guy Coquille, qui avait été étudier le droit à Padoue, Italie, revient en France.

1444. — Le curé de Saint-Maurice (Decize), recevait, à titre de rente féodale, pour chaque mariage, 5 sols t. et quatre boisseaux de froment. Cette redevance était de toute antiquité. Cette année, un de ses paroissiens s'étant refusé à l'acquitter, il fut condamné à payer 14 livres t. et aux dépens.

1547. — Henri II, roi de France.

Jacques II Paul Spefame, évêque jusqu'en 1558.

1549. — Mort de Claudine de Foix. Le Donziais est réuni au Nivernais..

1550. — François II, roi de France.

1553. — Inventaire des archives de Decize.

1559. — Gilles IV Spefame, évêque jusqu'en 1578.

Echevins : Antoine de Druy, Toussaint Verron, Louis Dornan.

Le 1er septembre, après sept mois de sécheresse , un incendie éclata tout-à-coup dans une maison de la ville. Comme c'était l'usage au moyen-âge, la plupart des maisons étaient bâties en bois, et leurs étages supérieurs surplombaient les uns sur les autres. Les rues étaient étroites et tortueuses, et, pour peu qu'il fît du vent, le feu envahissait toute la cité. L'incendie s'arrêta au coin de la rue du Paradis, où l'on avait peint saint Christophe ou saint Jacques , probablement la maison de M. Michel , ainsi que le démontre le style d'architecture de cette maison , du côté du jardin. En moins de cinq heures trois ou quatre cents habitations furent réduites en cendres. Il n'en resta intactes que vingt-cinq , au plus. Il est accordé une exemption de tailles.

1560. — Charles IX, roi de France.

Guy Coquille est nommé député du tiers aux États du royaume et lieutenant du baillage ; il rédige un journal de la session pendant qu'il siége à Orléans.

1562. — C'est dans cette même année que Guy Coquille est envoyé en mission en Allemagne, par François de Clèves, alors duc de Nevers.

1563. — Jacques de Clèves succède à son frère François.

1564. — Henriette de Clèves hérite de ses deux frères. Ordonnance datée du château de Roussillon , en Dauphiné, qui fixe le commencement de l'année au 1er janvier.

1565.— Louis de Gonzague devient duc de Nevers par son mariage avec Henriette de Clèves.

Le révérend Claude Guiot, prieur des chartreux du couvent d'Apponay, se réfugia à Decize avec ses religieux, après la destruction de son monastère par les protestants. Il acheta une maison rue des Roches, non loin du prieuré de Saint-Pierre, et il y résida plusieurs années.

1566. — Il y a nécessité de faire de grandes réparations au pont de Crotte. Le roi envoie le capitaine Mallamboug pour diriger et exécuter ces travaux et s'assurer si on les confectionnait bien.

1567. — La ville renouvelle ses munitions de guerre. Elle achète entre autres 1,500 boulets avec leurs coquilles et montres, le tout pesant 3,500 livres et coûtant 32 liv. le millier.

1568. — Le duc et la duchesse de Nevers font une fondation pour marier soixante pauvres filles.

1569. — Echevins : de Brain, Gillot, Verron, Edmond Decray, roi des arbalétriers.

1570. — Echevins : Pierre Tillot, Noël Verron, Pierre Breton, Louis de Dornan.

Le maréchal de Cossé passe à Decize avec son état-major et son artillerie. Il allait au devant de l'amiral de Coligny, du prince de Béarn et du prince de Condé qui le vainquirent à Arnay-le-Duc. Après ce combat, l'admiral (à présent l'amiral), envahit le Nivernais.

Jean Agier, recteur des écoles, Claude Virot, roi de la papeqeay.

1571. — Guy Coquille fut nommé, par le duc de Nevers procureur général de son duché.

1572:— Une disette régne alors, et comme elle se prolonge, elle devient famine.

1573. — On emploie les fonds faits pour les ma riages de pauvres filles.

1574. — Henri III, roi de France.

1575. — Echevins : Pierre Tillot, Simon Carré, Jean Bert, Aré Varnier.

Guy Coquille est nommé député aux états de Blois. Anselme Cabaille, recteur des écoles.

1576. — Echevins : Gilbert Arbelat, Pierre Tillot, Louis de Dornan, Gilbert Buard.

1577. — Echevins : Tillot, Arbelat, de Dornan.

On répare la citadelle du pont de Crotte. Guy Coquille assiste au deuxième État de Blois.

1578.—Par lettres patentes, on accorde une somme assez importante pour indemnité des frais de passage des troupes des ducs du Maine et d'Anjou.

1579. — Arnaud Sorbin, dit Saint-Foy, évêque jusqu'en 1606. Le droit du bordelage fut converti en droit de cens,

1580. — Henri III, en revenant de Lyon, passe à Decize. Il loge à Saint-Privé. Le valet de Jacques de Boisserand, écuyer, qui était mime, représente une mimerie devant le roi.

1581. — Le 10 mars, les habitants de Decize passent, pardevant Herman, notaire, un acte avec le duc de Nevers, par lequel il leur avait concédé, dans la grande et petite Saulaie, les halles, les chaumes de Caqueray, la motte du Courlis, les chaumes d'Aron, celle sous Saint-Jean et la seconde herbe.

du grand pré. Il est intéressant de rappeler les noms des habitants qui figurent dans cet acte : Jacques Fouquet; Dimanche Rouard; Melchior Fournier; Claude Lestrillet, échevin; Sébastien Hermand; Edmond de Cray, marchand drapier; Antoine Meunier; Pierre Jaut; Pierre Christophe; Etienne Marinyer, mercier; Gilbert Dubois; Georges Lebatteur; Gabrielle Cothien; Benoît Bernard; Jean Rousset, maréchaux; Jean Chorrot; Claude Genetier; Claude Duguet; Louis Myat; Claude Chassin; Edme Denyset; René Asserte; Nazaire Dumoulins, cordonniers; Etienne Contamine; Jean Revangier, maréchaux; Jacquette Amyot; veuve Etienne Moyreau; Anne de la Forest; veuve Jean Verot; Gilette Jeudi; veuve Guy Simonet; Martin Perrot; veuve Jacques Horry; Serette Matheurye; veuve Jean Paul; François Perrain; veuve Claude Moissain; Jeanne Charly; veuve Pierre Debas, toutes marchandes; Martin Bailleur; Léonard de Beaucoup; Etienne Sursin, cloutiers; Louis Quantin; Etienne Guionin, tanneurs; Claude Brocherault; Jean Brunet, serruriers; Jean Béranger, potier de terre; Pierre Massé, chapelier; Gilbert Myat; Nicolas et Jean Girard; Jean-Colas Marceau; maîtresse Mathieu Bressolat, cordonniers; Dazide Arzegnot; Jean Raiveaut; Jean Légers, tanneurs; Jean Cabaille; Nazaire Berger; Marie Vallatier; veuve Champly, vendeurs en détail; François Coquard; Léonard Jolivet, taillandiers; François Bresson; Megnien; Guillaume Maslin; Pierre Vallatier, selliers; Jean Journet; Pierre Michelet; André Poyrier, ma-

réchaux ; Benoît Guillemenot , serrurier ; François
Blanc, sellier; Robert Esmond, précepteur des écoles.

1582. — Echevins : Pierre Tillot, François Jeudi ,
Gilbert Arbelat, Claude Bouyneau.

Louis de Gonzague et Henriette de Clèves, duc et
duchesse de Nevers , dotent le couvent de Sainte-
Claire de 350 livres t.

1583. — Echevins : Claude Bouyneau , Gilbert Arbelat, Jean de Cray, Louis Glon.

Le portail de Saint-Aré étant tombé, les habitants
de la paroisse nomment des commissaires , puis, tant
dans la ville que dans la campagne, ils font une
quête pour le rétablir.

Chaque année , depuis un temps immémorial , il
était d'usage, dans une assemblée, de fixer les ban-
nies pour les vendanges. Voici ce qui fut arrêté , les
12 et 13 octobre : jeudi, Foltière ; vendredi et samedi,
Vauzelle. De plus , on convint que toute personne
qui enfreindrait ce réglement, sa vendange serait
confisquée.

1584.—Echevins : Jean Bert, Pierre Tillot, Gilbert
Arbelat , Louis Guerlou.

La peste se déclara et dura deux années. Guy Coquille se retira à Druy.

1585. — Echevins : Louis Glon, peut-être par abré-
viation; François Jeudi , Jacques Coppin , Antoine
Cize.

Le matin , 27 septembre , la Loire était tellement
basse qu'on passait son bras droit à pied sec. A midi,
une crue extraordinaire se manifesta tout-à-coup, et

ses progrès furent si rapides qu'à minuit les eaux s'é-
levèrent à la hauteur de l'autel de l'église de Saint-
Privé ou Saint-Privat, détruisirent l'escalier de son
clocher, atteignant les solives du cellier, emportant,
dans leur impétuosité, le pont de Crotte et plusieurs
maisons qui faisaient obstacle à leur passage.

Les eaux s'élevèrent à 16 pieds 3 pouces 3 lignes.

Les échevins rendent une ordonnance par laquelle les boulangers sont tenus de donner au pain
blanc le poids de quinze onces au moins pour 2 sols,
le demi-pain à sept onces et demie et à 1 sol, sous
peine d'amende et de confiscation des pains au des-
sous de ce poids, de plus de tenir constamment leurs
boutiques bien garnies.

Une maladie contagieuse ayant régné pendant
l'année, beaucoup d'habitants, pour s'y soustraire,
avaient quitté la ville. L'époque du renouvellement
des officiers municipaux étant arrivée, il fut décidé,
dans une assemblée extraordinaire, sur la proposition
de Guy Devaux, que les absents seraient invités à
paraître, soit en personne soit par procuration ; on
arrête en même temps que les habitants de la ville
passeront le bac gratis, ainsi que leurs chevaux.
Les jours de foires et de marchés les hommes à
cheval payeront 6 deniers, les autres jours 12 deniers.
Les forains passeront gratis les dimanches et les
fêtes. Les aumailles payeront 6 deniers, les moutons
2 deniers, ainsi que les porcs. Les charrettes chargées
de bois 12 deniers ; le cheval chargé 6 deniers. Les
religieuses claristes sont affranchies de droits.

1586. — Échevins : Jacques Coppin , Regnault , bachelier, Guy Devaux, Louis de Dornan.

Par lettre patente du 1er décembre, le roi accorde les moyens de réparer les désastres de 1585.

1587. — Echevins : Pierre Martin , Regnault, bachelier ; Guy Devaux; Louis de Dornan; François Stillet, procureur du fait commun.

Henri III établit une généralité à Moulins (Bourbonnais), dont il fait dépendre Decize.

Henriette de Clèves, duchesse de Nevers , rend une ordonnance qui accorde une remise aux plus nécessiteux de ses domaines sur le sel; à cet effet on forme un rôle de ceux de Decize.

1588. — Echevins : Pierre Gilot, Simon Carré , Claude Bouyneau, Claude Rollet.

Henri III vient prendre les eaux à Pougues.

Guy Coquille assiste aux deuxièmes Etats de Blois.

Une maladie contagieuse se déclare à Decize. Les habitants s'assemblent et décident que les personnes qui en mourront ne seront point inhumées dans le cimetière de Saint-Aré, mais dans celui de Saint-Gilles, hors de la ville; que le chirurgien qui les aura soignés ne pourra rentrer chez lui que quarante jours après la cessation de la maladie ; il en sera de même pour les hospitalières.

Henri Coquille est envoyé à Orléans, près du roi , pour y traiter des affaires de la ville et particulièrement afin d'obtenir l'exemption de fournir des gens d'armes pour le service de l'Etat. Coquille fait deux voyages et reçoit pour indemnité 31 liv. 11 s. 3 den. 1.

1589.— Des félicitation sont adressées à Sallonyer, pour le flottage en train qu'il avait inventé.

Henri IV, roi de France.

Echevins : Claude Bouyneau, Jacques Berland, Martin Pilloux, Jean Decray.

1590. — Echevins : Martin Pilloux, Claude Rollet, Pierre Tillot, Simon Carré, Etienne Contamine, procureur du fait commun, Riponeau, scribe.

1591. — Echevins : Martin Pilloux, Claude Rollet, Pierre Tillot, Simon Carré, Etienne Contamine, procureur du fait commun, Riponeau, scribe.

Le 24 février, les habitants de Decize décidèrent, dans une assemblée, que le prédicateur qui viendrait prêcher le carême sera logé, nourri aux frais de la ville, et que ceux qui voudraient le recevoir chez eux, devraient en faire la déclaration afin d'obtenir une indemnité.

Henri III avait accordé des octrois à Decize pour soulager cette ville des maux résultant des maladies qui n'avaient cessé d'y régner depuis la funeste année 1525, et aussi pour indemnité de fréquents passages de guerre et l'entretien des fortifications. Le roi était mort mais son successeur maintient ce bienfait.

1592.—Echevins : Pierre Tillot, Barthélemy Moulins, Gilbert Buard, procureur du fait commun.

Lettres patentes qui confirment les octrois.

1593. — Echevins : Sébastien Tillot, Barthélemy Maulais, Gilbert Robin, Pierre Belard, Regnault, bachelier, Antoine Cize.

On établit un fort avancé près de la porte de Rosière, une tourelle formant guérite est ornée des armes du duc de Nevers et porte la date de 1593.

1595. — Henriette de Clèves devient veuve.

Echevins : Martin Pilloux, Claude Rollet, Pierre Tillot, Noël Esmalle.

Les échevins passent, pardevant Mathieu Bontemps et René Pariset, notaires à Paris, un marché avec maître Besnard, architecte, pour la construction d'un nouveau pont sur la Loire, du côté de Saint-Privé. Le duc de Nevers envoie à Decize Bellenard, ingénieur, pour vérifier la solidité du nouveau pont de Crotte.

Jacques Coppin est établi, par l'intendant de Moulins, receveur des fonds spéciaux de 4,000 liv. t. pour la construction du pont sur la Loire, bras droit, à lever dans la généralité de Moulins, sur les élections de la même ville, Gannat, Nevers, la Marche, Montluçon et Combraille, plus sur l'épargne du roi et le franc alleu.

1596. — Echevins : Claude Bouyneau, Simon Carré, Pierre Belard, Robert Millien, Gabriel Robin, procureur du fonds commun.

1597. — Echevins : Pierre Belard, Robert Millien, Barthélemy Maulais, Noël Esmalle.

1598. — Echevins : Gabriel Millien, Guillaume Sallonnyer, Philibert Esmalle.

1599. — Echevins : Simon Carré, Denis Coppin, Claude Rollet, Antoine Cize.

Fondation de messes par François de Montholon,

conseiller du roi ; acte passé, le 12 août 1599, par les
notaires Michel et Bosquet, à Paris.

Il est ici une étude à faire, étude rétrospective sur
les fortifications de Decize. On a vu qu'elles ne se
sont point élevées tout d'un coup, d'un seul jet (voir
l'année 1194 et les travaux de Pierre de Courtenay).
Elles sont nées des besoins et des progrès de l'art de
l'attaque et de la défense des places. Si l'on jette un
coup-d'œil sur nos murs, en partie existant, on re-
connaîtra quatre enceintes différentes. Premièrement
celle du château dont cet édifice est en quelque sorte
le donjon; il domine le sommet du rocher, citadelle
naturelle. Secondement les murailles de la cité qui
enveloppent les fiefs de la tour de Lunas, celle de
Beaugis et le prieuré de Saint-Pierre. Les murailles
couronnent, dominent les maisons qui s'étendent à
leurs pieds, depuis Saint-Aré, la place Coquille, le
côté droit de la rue des Lombards et le même côté
de la rue des Roches. Troisièmement viennent les
remparts qui ceignent les jardins de MM. Barbat,
Donjan, Brenier, Gros, quai d'aval de Loire ; les jardins de MM. de Corvol, Hannoteau, Favier, Cliquet et
de Cray. Quatrièmement s'élèvent des forts avancés
établis sur les terrains, fossés, vignes de MM. Du-
miny père, Hannoteau et qui, avec les jardins de
MM. Renier, Roy, ont formé des glacis nécessités
par l'invention de l'artillerie.

On doit se rappeler que la tête du pont de Crotte
était défendue par une citadelle; que la porte du
marquis d'Ancre avait été bâtie en 1468, d'après le

modèle de la porte du Crou, de Nevers. Pourquoi ce nom de M. le marquis d'Ancre ? Il est probable qu'il venait du nom du favori de Louis XIII ; il existe encore là des ruines qu'on ne sait à quoi attribuer.

On ne connaît que deux autres portes portant les noms de Rosière et de Loire. Quant aux tours et remparts, ils appartiennent à diverses époques ; il en est qui datent avant les Croisades ; d'autres enfin, depuis un certain nombre de siècles.

Le Nivernais étant sur les marches de la Bourgogne et Decize étant sur un passage très fréquenté, il était urgent et politique de faire en sorte qu'elle ne restât pas entre les mains des ennemis. Voilà pourquoi les rois de France se sont toujours intéressés à cette ville, non pas pour elle-même, mais pour les avantages qu'elle leur présentait.

XVIIᵉ SIÈCLE.

—❀❀❀—

1600. — Echevins : Barthélemy Maulais , Noël Esmalle, Regnault , bachelier, Jean Bernard , Etienne
Boudinat , marinier, roi de l'oiseau.

1601.— Charles de Gonzague II succède à sa mère.

1603. — C'est à cette date que l'illustre Guy
Coquille mourut à Nevers. Voici son épitaphe :

« *Ci gît noble homme, sage maître Guy Coquille,
seigneur de Romenay et de Beaudéduit, procureur
général du Nivernais et du Donziais.* »

Il était , en outre, propriétaire du domaine de la
Grange Mornat , près du faubourg de Crotte, qui, à
cause de la construction d'une chapelle du nom de
Notre Dame de Pitié, avait pris ce nom.

Guy Coquille, pendant sa longue carrière, composa
44 ouvrages dont Guillaume Joly fut l'éditeur.

1606.— Eustache Iᵉʳ du Lys, évêque jusqu'en 1643.

Échevins : Noël Esmalle, Edmond de Cruy, Robert
Millin, Michel Millot.

Les échevins convoquent une assemblée des prin-

6

cipaux habitants pour recevoir, en qualité de contrôleur des deniers communs, honorable homme maître Coppin, nommé à cet effet et office par lettres patentes du roi, données à Paris le 24 mars 1605, et intérinées au bureau des finances à Moulins ; lequel intérinement est signé des trésoriers des finances de Champfeu, Rogue, Baulin et Palierne. Étaient présents honorables hommes Gabriel Robin, juge châtelain de Decize, Gabriel Carré, procureur du duc de Nevers, Gabriel Dornan, élu particulier de l'élection de Nevers, Simon Corvé, Louis Quantin, Guillaume Bernard, Philibert de Champs, Sébastien Tillot, Claude Lestrillet, Jacques Coppin, tous bourgeois et habitants de Decize.

1607.—Échevins : Sébastien Tillot, avocat; Jacques Bertrand, grénetier ; Melchior-Fournier, marchand ; Gilles Berton, praticien ; Pierre Moiriau, procureur du fait commun, traitant avec Jacques Sallonnyer, agent du duc de Nevers, pour les usages dans les forêts qui lui appartiennent et qui sont dans le voisinage. Alors, le jour de la Saint-Michel, 29 septembre, il existait une foire qui se tenait au pont d'Aron et dont le terrain appartenait à l'hospice de Decize.

1608. — Échevins : Sébastien Gillot, Gilbert Breton, Melchior Fournier, Jacques Berland et Pierre Moireau, procureur déjà en fonction en 1607.

Le 26 octobre, il survint une crue de 15 pieds 7 pouces 23 lignes ; il en résulta des dommages considérables.

Les eaux emportèrent le pont de Crotte. Les échevins présentèrent une requête au roi afin d'obtenir une augmentation d'octroi. Par ordonnance du 4 août de l'année suivante elle fut accordée : sur les traversins, les charniers, la morue, les harengs et autres marchandises. Le 7 octobre, les échevins passent un marché avec Mathieu Vicaire, tailleur de pierres et maçon, pour reconstruire le pont des Vallettes, lequel était situé au-dessus de la loge des Charbonniers.

1609. — Échevins : Sébastien Tillot, Gilbert Breton, Gilbert de Dornan, Germain Arbelat, Pierre Moireau, procureur du fait commun.

1610. — Louis XIII roi de France. Régence de sa mère.

Échevins : Gilbert de Dornan, Germain Arbelat, Claude Coppin, Regnault, bachelier, Claude Lestrillet, procureur du fait commun.

Le pont de Crotte est relevé de ses ruines par les sieurs Reigne et André Bernard, père et fils, entrepreneurs de travaux, demeurant à Beaugency, et il est reçu.

Les échevins font marché avec maître Ledoux, professeur de musique et prêtre, pour apprendre cet art aux enfants, les mener au pupitre de Saint-Aré et les diriger dans l'étude du chant. On lui donne 30 liv. de gages pour l'année et 10 sols t. pour les mois de chaque élève.

Le marquis de Ragny, lieutenant du roi dans le Nivernais devant venir à Decize, le 16 septembre, les habitants assemblés décident qu'il sera reçu avec de grands honneurs ; que les échevins, accompagnés de douze notables, monteront à cheval et iront au devant de lui jusqu'à Pitié, chez le juge Millin ; qu'on s'y reposera, et qu'en suite, à la porte de la ville, on haranguera cet envoyé en lui présentant les clefs de la cité ; qu'il sera logé dans une maison bourgeoise, aux frais de la cité, et qu'il aura deux grandes tables pour lui et ses gentilshommes.

Cette même année, incendie. Henry Vacherot roi des arbalétriers.

1611. — Échevins : Claude Coppin, Gilbert Arbelat, Regnault, bachelier, Gilles Fossart, procureur adjoint, Noël Esmalle, Michel Millet, Edmond de Cray, Gabriel Pilloux.

Les Decizois ayant éprouvé des pertes considérables par suite des crues, des gelées, des glaces, sur le rapport de Marthin Gautheron, receveur des tailles à Moulins-en-Gilbert, obtiennent une ordonnance royale qui les dégrève de l'impôt.

Gilbert Amyot, roi des arbalétriers.

1612. — Antoine Mozan, roi des arbalétriers.

1613. — Échevins : Claude Coppin, Robert Millin, Barthélemy Maulais, Louis Quantin, Gilles Fossard, procureur du fait commun.

1614. — Échevins : Noël Esmalle, Gabriel Pilloux, Hugues Maulais, Gilbert Breton, Fossard, procureur du fait commun.

Au mois de septembre, les magistrats traitent avec Annibal Thus, prêtre, natif d'Aix en Provence, pour prendre la direction des écoles de Decize. Il aura trois régents pour les trois classes. Les dimanches et fêtes, les écoliers assisteront aux grand'messes, vêpres et matines. Il les conduira aux processions de Saint-Aré, aux ténèbres, et lui chantera au pupître. Enfin, il réglera l'ordre et la discipline pour que les écoliers ne vaquent pas dans les rues. Messire Pierre Barsenne sera régent de la seconde classe, et maître Nicolas de Brunq, régent de la troisième. Ces deux professeurs seront tenus de rendre hommage au recteur, et celui-ci sera obligé de les nourrir. Il recevra 100 liv. t.

Au mois de février, le seigneur de la Grange apporte à Decize une lettre de la régente, Catherine de Médicis, par laquelle elle ordonne de ne recevoir aucune troupe dans la ville ; d'obéir à son fils, de lui prêter serment et de s'organiser en compagnies bourgeoises, de nommer leurs chefs. Sallonnyer est nommé capitaine, Robert Millin enseigne, Michel Berland sergent.

Par lettre du 23 du même mois, le duc de Nevers écrit aux habitants pour les engager à être fidèles aux serments qu'ils avaient prêtés au roi et à la reine.

On rétablit le pont de Loire : il avait 16 piles et 17 arches.

1615. — Échevins : Sébastien Tillot, Gabriel Pilloux, Jacob Esmalle, Denis Coppin, Gilles Fossard, procureur.

Le baillage de Saint-Pierre-le-Moûtier est taxé 4,240 liv. t. et à 650 liv. t. de supplément pour être payées au sieur de Bonnay, député de la noblesse, pour frais de séjour dans la ville de Paris, pendant la tenue ds États. Decize fournit son contingent.

Le seigneur de Roussillon vint de Nevers à Decize, apportant des lettres de la mère régente, pour se plaindre de propos offensants pour S. M. tenus par plusieurs habitants ; qu'elle savait, en outre, qu'ils avaient le projet de livrer leur ville au prince de Condé. La reine déclare qu'elle saura leur pardonner, s'ils savent faire bonne garde de leurs murs. Voici la réponse des Decizois : « Sire, nous avons reçu » la lettre qu'il a plu à Votre Majesté de nous adres- » ser. Elle nous est parvenue par la main des éche- » vins de Nevers. Vous pouvez compter que nous » nous y conformerons, comme nous avons toujours » fait, avec autant de fidélité que d'affection, Sire, » vos très humbles et très obéissants sujets, Tillet, » Coppin, Boudey, Sallonnyer, Esmalle, Gacon, Cop- » pin, Maulaix. »

La garde bourgeoise s'organise. Une escouade de 15 hommes, commandés par un sergent, veillent la nuit aux portes de la ville. Tout habitant qui ne se trouvera pas au corps-de-garde entre sept et huit heures du soir, sera condamné à 30 sols d'amende, sans autre formalité. Le réglement est signé Arbelat, Bélard, Sallonnyer, Coppin. Ils y ajoutent qu'il res-tera un prêtre dans chaque corps-de-garde jusqu'à la fermeture des portes.

1616. — Échevins : Denis Coppin, Martin Houdry, Jacob Esmalle, Robert Millin, Robin, procureur du fait commun.

Les échevins prennent sur les deniers communaux une somme de 40 liv. 11 d. t., pour acheter du satin cramoisi pour faire une chappe, une chasuble avec galons, franges, rubans, destinés pour l'église de Saint-Aré. Majorité du roi. Boudinet reste roi de l'oiseau.

1617. — Le duc de Nevers prend les armes contre la cour dès qu'il apprend qu'elle a fait arrêter le prince de Condé.

Échevins : Barthélemy Maulais, Michel Fournier, Robert Millin, Jacob Esmalle, Robin, procureur du fait commun.

Divers partis troublant le royaume, les échevins jugèrent prudent de s'adjoindre 12 conseillers dont les noms suivent : Henry Coppin, Louis Quantin, Michel Barland, Guionin, Pilloux, Breton, Millet, Archambaut, de Cray, de Dornan, Berland, Belard.

Dans une assemblée, il fut décidé que de fréquentes rondes seraient faites toutes les nuits.

Le sieur de La Ferté vint à Decize pour examiner les fortifications. Il arrêta que la maladerie de Saint-Thibauld, ainsi qu'une arche du pont d'Aron, seraient démolies.

1618. — Échevins : Barthélemy Maulais, Michel Fournier, Gabriel Pilloux, Gilles Dornan, Robin, procureur du fait commun. On leur adjoint : Louis Coppin, Louis Quantin, Michel Berland, Gabriel Guionin, Christophe Belard, Gilbert Breton, François Archambaut, Michel Millot, Jacques Berland, Edmond de Cray, Robert Millin, Jacob Esmalle.

Gabriel Pilloux est choisi et envoyé par ses collègues à Nevers, près le président de l'élection du Nivernais, et puis désigné, par les commissaires des tailles à Paris, pour traiter, au nom de Decize, de l'achat du greffe des tailles et en faire bonne composition avec le sieur Barantin, trésorier des parties casuelles. Il traita heureusement avec le sieur Magneux, greffier, commis à la vente de ces offices

1619. — Échevins : Gabriel Pilloux, Gilles Dornan, Louis Quantin, Hugues Maulais, Étienne Louis, procureur du fait commun.

On procède à la réception du pont de Crotte. Les habitants de la ville et les administrateurs des hospices décident, dans une assemblée, qu'en raison de la maladie contagieuse qui régnait dans le royaume il serait établi, tant au pont de Loire qu'à celui de Crotte, des hommes qui interdiraient aux pauvres étrangers l'entrée de la cité, et distribueraient à chacun, aux frais de la ville et de l'hospice, un pain d'un carolus (monnaie du duc de Nevers).

M. de Rassaux, lieutenant du roi en Nivernais, visite Decize. On lui fait une honorable réception.

Basane Guy ; sa royauté de la Papegay lui est disputée.

1620. — Échevins : Hugues Maulais, Louis Quantin, Jacques Sallonuyer, Robert Robin.

Les habitants reçoivent une lettre du roi qui leur défend d'accueillir les bruits et les personnes qui pourraient ébranler leur fidélité.

1621. — Échevins : Jacob Esmalle, Jacques Sallonnyer, Gabriel Pilloux, Robert Robin, Étienne Louis, receveur de 1620 à 1621.

Esme Foulgot et Étienne Decray, roi des arbalétriers.

La tour de Saint-Jacques, située sur la place du Marché, est exhaussée de 4 toises pour y placer la nouvelle horloge, comme étant dans une situation centrale, et par conséquent plus commode que celle de l'ancienne. Ce fut Abraham Cuisin, horloger de Nevers, qui la fournit au prix de 480 liv. t. Un fondeur lorrain, nommé Hugues de Fitte, fondit la cloche moyennant 68 liv. 16 s. t. L'exhaussement et la couverture coutèrent 282 liv. t.

Le 23 mai, les échevins et les habitants s'assemblèrent pour délibérer sur une requête de R. P. Minimes de Nevers, pour l'établissement d'un couvent de leur ordre à Decize. On admit cette proposition. On leur donna provisoirement une petite maison, dite du Sacristain, située près du prieuré de Saint-Pierre, occupée alors par Barthélemy Pasquier. Le lendemain, on passa un contrat avec les R. P. pardevant Me Pasquier, notaire, contrat qui assura à leur couvent une rente de 600 liv. t. assise sur les octrois, à la condition qu'ils feront prêcher à Saint-Aré, le jour de la Purification, de l'Ascension, de Saint-Aré, de la Nativité, de la Pentecôte, de la Trinité, de la Fête-Dieu, de l'Assomption, de la Toussaint. Le roi approuve cet établissement par lettres patentes données à Tonneins, au mois de juillet suivant. Le duc de Nivernais vint pour choisir le terrain afin de bâtir

le couvent, installer les religieux, mais cette cérémonie fut remise à cause de certaines difficultés qui
se présentèrent. Le prieuré, à cette époque, appartenait à l'abbaye d'Auxerre, mais il était en ruines.
On fit des propositions à son abbé pour en faire cession à l'orde des Minimes. Il y consentit. L'évêque
de Nevers y donna son approbation le 16 des calen-
des de novembre. Le 24 octobre précédent, le R. P.
Dupré, provincial de la province de France, arriva à
Decize avec cinq religieux. Le même jour, les Minimes passèrent acte de la prise de possession du couvent, pardevant Mᶜ Contamine, notaire, du consentement des échevins, avec le R. P. de la Croix, titu-
laire du prieuré de Saint-Pierre, moyennant une
rente de 600 liv. t. à titre d'indemnité. Ordonnance
du roi, du 15 février, approuvant la cession, enre-
gistrée au bureau des finances à Moulins, le 7 octobre 1622. Autre acte de résignation du précédent titu-
laire, du 16 février 1623, par Claude de Damas; bulle
d'Urbain XIII, du mois de janvier 1626, approuvant
la réunion de ce prieuré à l'ordre des Minimes; arrêt du parlement de Paris, du 21 du même mois;
consentement de l'archevêque de Sens, Octave de
Bellegarde, abbé de Saint-Germain d'Auxerre, à la
date du 23 septembre 1625, spécifiant, en outre, une
rente de 300 liv. t. à payer par les Minimes à l'abbaye d'Auxerre; enfin, enregistrement des actes ci-
dessus, à Nevers, le 14 mars 1632 ou 1652. Le ra-
chat de cette rente de 300 liv. se fit par un acte du
27 juin 1639, moyennant une somme de 4,800 liv.

payée par les Minimes à l'abbaye d'Auxerre. Une bulle d'Eugène III, dès 1150, fait mention du prieuré de Saint-Pierre qui, alors appartenait aux Bénédictins. Les Minimes avaient été appelés dans le but de combattre la doctrine des protestants.

Nicolas le Brun, recteur.

1622. — Échevins : Christophe Bélard, Sébastien Tillot, Jacob Esmalle, Denis Coppin, François Simonin, procureur, ensuite Pierre de Cray.

1623. — Le père Machon, supérieur des Minimes, fait dresser procès-verbal, pardevant Mᵉ Pasquier, notaire, du mauvais état du prieuré de Saint-Pierre, lors de la prise de possession. Cet acte établit que l'église était tellement en ruines que les portes restaient ouvertes, jour et nuit, faute de fermetures ; qu'il n'y avait qu'un autel où l'on pût dire la messe ; que des animaux couchaient dessus ; qu'aux trois côtés de cet autel il y avait trois châsses contenant des reliques de saints, notamment de celles de saint Eutrope. Deux témoins, Gilbert Gaudey, notaire, et Jacques Pasquier, tous les deux âgés de plus 60 ans, déposent qu'ils avaient toujours vu les choses dans cet état fâcheux ; que même, un jour, un fou était entré dans l'église, et ce fou renversa les châsses, dispersa les ossements sur le sol, et qu'ils virent même les enfants s'amusant avec eux ; enfin qu'on les recueillit, ainsi que des papiers et des titres d'authenticité de ces reliques. L'évêque de Nevers étant arrivé, le père Machon profita de sa présence pour se faire donner un certificat constatant l'état des lieux.

L'évêque était Monseigneur Eustache de Lys ; il était accompagné de messire Barreau, chanoine secrétaire.

1626. – L'église des Minimes s'écroula dans la nuit du 17 juin. Le chœur et le clocher restèrent debout, tous les deux étaient d'une époque reculée.

1628. — Crue du 20 novembre de 16 pieds 6 pouces.

1630. — Échevins : Sallonnyer, Esmalle, Louis Quantin, Claude Lestrellet, procureur du fait commun.

1631. — Échevins : Barthélemy Coppin, Pierre Fossard, Gabriel Esmalle, procureur du fait commun.

Antoine Duqué, paveur, roi de l'arquebuse.

1632. — Échevins : Gabriel Cousin, Millot, Philippe Millin, Fossard.

1633. — Pierre Fossard, Paul de Cray, Jacob Esmalle, Philippe Millin, Gabriel Esmalle, procureur du fait commun.

Cette même année, naquit Guillaume Joly, qui devint lieutenant des maréchaux de France.

1636. – Échevins : Guillaume Sallonnyer, François Symonin, Denis Coppin, remplacé par Jacob Esmalle.

Antoine Lefebvre, roi de l'oiseau.

1637. — Charles de Conzagues III, duc de Nevers, petit-fils du précédent.

Jacques Moineau, roi de l'oiseau.

1638. — Échevins : Millin, de Cray, Fossard, Lefebvre, B. Pasquier, procureur du fait commun.

1640. — Échevins : Pierre Fossard, Antoine Lefebvre, Gilbert Pilloux, Pierre de Cray, Christophe Bélard, procureur du fait commun.

1643. — Louis XIV, sous la régence de sa mère.

Eustache II, de Chézy, évêque de Nevers, de 1643 à 1667.

Échevins : Guillaume Sallonnyer, Jacob Esmalle, Robert Gillot, Sébastien Rouard, Christophe Belard, procureur.

Cette année-là, les échevins avaient un conseil composé des personnes dont les noms suivent : Gabriel Esmalle, Symonin, Jean Breton, Gabriel David, Villiede, Coppin ; Garreau, greffier ; Contamine, commis ; Gabriel Millin, juge de la châtellenie, et Sallonnyer, procureur fiscal.

En septembre, les Espagnols arrivent à Decize, y passent deux jours et causent à la ville une dépense de 744 liv. t.

Louis XIV et son conseil entrent à Decize, accompagné de la duchesse d'Aiguillon. Il allait voir le cardinal de Richelieu qui était à Bourbon. Sa réception coûta 364 liv. 10 sols t.

1646. — Le duc d'Orléans, frère de Louis XIII, traverse Decize, se rendant à Bourbon-l'Archambault. Cette même année, l'intendant de Moulins, les trésoriers de France, de la généralité, ainsi que les comtes de Dornes et d'Anlezy arrivent à Decize. Le sieur Dusaulier, gouverneur au château pour la duchesse de Nevers, et les échevins, leur font présenter, par l'un d'eux, le sieur Bélard, 8 quarts de vin muscat du crû de Crotte.

1648. — François de Bonnay, sieur de Voumas, en vertu de lettres patentes de Charles II, duc de Nevers et de Mantoue, et de celles du roi du 22 décembre même année, est nommé gouverneur et tient Decize en état de siége, oblige les habitants à garder les portes et remparts. Il cherche, en outre, à s'emparer de l'administration civile. Les échevins se plaignent au marquis de Saint-André de Montbrun, gouverneur général de la province. Celui-ci fait intervenir une transaction. Les clefs de la ville sont entre les mains des habitants le jour, et la nuit, on les porte au château.

1649. — Échevins, Gabriel Millin, Guillaume Salonnyer, Philibert Esmalle, Nicolas Coppin, procureur du fait commun.

Le maréchal de Saint-André passe à Decize. En espérance des services qu'il pourrait lui rendre, on lui offre un quart de vin de Crotte et plusieurs bouteilles de vin vieux qui sont déposées dans son carosse.

M. de Colbert passe également à Decize. Il est logé au château, où il est défrayé moyennant une dépense de 77 liv. 14 sols t. On lui fit, en outre, plusieurs présents qui coutèrent 21 liv. t. Ils lui furent présentés par deux échevins.

1651. — Majorité de Louis XIV.

Échevins : Jacob Esmalle, Étienne Guyonin, Guillaume Maninger, Gilbert Joly.

Le gouverneur du château introduit des aventuriers dans son gouvernement, afin de dominer les bourgeois ; ceux-ci se plaignent ; leurs griefs sont entendus et appréciés. Une lettre du roi ordonne au gouverneur impopulaire de mettre sa garnison hors du château.

1652. — Le 9 mars, le célèbre Bussy Rabutin fait enlever du château de Decize, pour aller faire le siége de Montrond, 6 canons de batterie de 30 livres de balles, 500 boulets de calibre, 16 emboîtures en fonte, estimés le 55,740 livres.

Le 16 avril, il publie une proclamation où il insinue que les habitants de Decize sont partisans de la Fronde, et que, par conséquent, le roi ne peut compter sur leur fidélité.

Le duc de Nevers abandonne le parti de la France et s'atttache à celui de l'Espagne.

1655. – Le duc de Nevers arrive le 3 août à Nevers et part pour Paris le même soir. Il revient à Nevers le 24 septembre de la même année; de sorte qu'il ne resta que deux jours de sa vie dans son duché, qu'il vendit quatre ans plus tard au cardinal de Mazarin.

1656. — Le 1er avril, les octrois de la ville furent affermés 24,000 livres au sieur Arnault.

1657. — Crue de 17 pieds 9 pouces.

Les capucins de Nevers ne voulant point obéir à leur provincial, furent condamnés, par arrêt du conseil, à être renfermés au château de Decize. Arrivés à Tinte, ils s'arrêtèrent et furent conduits à Angers.

1659. — Le cardinal de Mazarin achète le duché de Nevers.

Échevins : Pascal Piot , Pierre Rousseau , Gabriel Barleuf, Guillaume Robert.

Le maréchal de Saint-André fait prévenir les échevins de Decize de l'arrivée du cardinal de Mazarin. Effectivement, il y vint le 27 janvier. Les habitants lui firent une magnifique réception. La ville fut illuminée ; on tira des boîtes, des fusées. On lui fit présent de vin de Crotte, qui coûta 8 sols t. la bouteille. Enfin la dépense s'éleva à 61 liv. 8 sols t.

1661. — Philippe-Julien Mazarini, Mancici, devint duc de Nivernais par l'abandon de son oncle.

1664. — Échevins : Gabriel Millin, juge , Gabriel Pilloux, André Esmalle, Pascal Piot, Pierre Rousseau, procureur du fait commun.

Guilemette Pierrette, sœur converse au couvent de Sainte-Claire de Decize, est expulsée pour cause d'inconduite. Elle se réfugia à Corbigny, chez le ministre protestant, où elle fit abjuration.

1665. — A cette époque, il existait une grande animosité entre les catholiques et les protestants. La force agissait plutôt quand elle pouvait, que la persuasion, et surtout quand on espérait l'impunité.

Le P. Chantelle, minime du couvent de Decize, se rendit à cheval au château de Beauvoir, pour y faire une demande de tuiles. Il arriva au moment où M. Charles de Cossaye allait se mettre à table. Ce seigneur, qui était huguenot, après avoir été prévenu de son arrivée, le fit prier d'entrer. Le révérend père ayant été introduit exposa le sujet de sa visite. Charles de Cossaye le reçut bien et lui offrit un verre de

vin que le minime refusa. Levé de table, le châtelain fit un signe mystérieux aux domestiques, afin
qu'ils fermassent la porte de la salle à manger. Cro-
yant son ordre exécuté, il saisit avec fureur le religieux, le terrassa et le poussa vers la porte qui, heureusement, n'était pas entièrement fermée, ce qui
permit au père de se sauver dans la cour, et, de là,
de sauter dans un fossé bourbeux, et, ensuite, de
s'enfuir chez le curé de Saint-Germain. Rendu à son
couvent, plainte fut portée au correcteur, et, par celui-ci, au baillage de Saint-Pierre-le-Moûtier. Une
procédure s'en suivit. M. de Cossaye fut condamné
à 1,000 livres d'amende, six mois de prison, 60 livres
d'indemnité envers le religieux.

De Cossaye n'était pas à son coup d'essai, car, un
jour de dimanche, passant à cheval devant l'église,
au moment des vêpres, il insulta les fidèles et inter-
rompit l'office.

1669. — Échevins : Christophe Symonin, Esmalle,
Bernard, de Cray, Gabriel Breton, procureur du fait
commun.

Un arrêté du conseil, du 25 novembre, ordonne
que, tous les ans, un prédicateur sera demandé pour
prêcher le carême à Saint-Aré, et qu'il lui sera fourni,
sur les fonds de la ville, le logement, la nourriture
et 100 livres d'honoraires.

1670. — Échevins : Gabriel Millin, juge ; Denis
Coppin, avocat fiscal ; Louis Symonin, Edmond de
Cray, Sallonnyer, procureur ; Barthélemy Cousin,
Gabriel Breton, Guillaume Millot, Christophe Symo-

nin, Jean Coquille, Jacob Esmalle, Jean Chardon, Guillaume Marinyer, conseiller.

Un incendie se déclare dans le couvent de Sainte-Claire. On remarque qu'une image en papier de la Sainte-Vierge, attachée à une potence placée dans la pièce du four où le feu avait pris, n'avait pas été atteinte et était restée intacte.

Ludovic Perroux, recteur des écoles.

1671. — Denis Coppin et Bourdran Léger, rois de l'oiseau.

1672. — Cette année, au mois de juillet, on prend une délibération relative au changement du régime municipal : les magistrats municipaux s'y opposent.

1673. — Pierre Marinyer, recteur des écoles.

1674. — Le 3 juin, le capitaine Morin écrit aux échevins pour leur annoncer la victoire du roi dans la Franche-Comté, et le 24 du mois, les habitants font faire un feu de joie pour la reddition des places de Besançon et Salin. Le 4 octobre, on célèbre la victoire remportée sur les impériaux par le vicomte de Turenne, près de Strasbourg. La ville dépense pour ces fêtes 300 liv. t.

Etienne de Cray, roi de l'oiseau.

1676.—Échevins : Christophe Symonin, Guillaume Marinyer, Delin.

Par une ordonnance du 17 décembre, le roi tente de supprimer une partie des échevins ; il n'en veut laisser que deux qui, avec le procureur du droit commun, suffiront pour gérer les affaires de la ville. Il veut également supprimer les élections, tâchant ainsi de détruire les libertés et les usages antiques.

Charles Berquin, roi de l'oiseau.

1680. — Le droit de moyenne et de basse justice fut retiré aux Minimes par arrêt du 17 mars 1680.

Gabriel Dars, recteur des écoles.

1684. — Le 3 mai, par permission de François Delin, juge châtelain de Decize, Martin Piot, Pierre Pépin, Pierre Bernard et plusieurs habitants de la ville, propriétaires de la rue Griveau, obtiennent de fermer les portes de ce passage, comme cela existait autrefois, à la charge cependant de la faire paver, de la tenir propre, sous peine de 10 liv. d'amende. Les échevins et le duc de Nevers approuvèrent cet arrangement le 17 novembre 1687. On commença le canal du Nivernais.

1685. — Jean de Lavenne, prêtre de Saint-Saulge, institua les religieuses de la Charité chrétienne, ordre devenu considérable.

1686. — Louis XIV va prendre les eaux à Pougues. Incendie considérable.

1691. — Échevins : Jacques Rousseau, Guillaume Marinyer, procureur du fait commun.

Le 11 avril, les habitants, après avoir délibéré en assemblée générale, présentent une requête à l'évêque de Nevers, afin d'obtenir de lui plusieurs sœurs du Saint-Sacrement, dites de la Charité, pour soigner les malades et instruire les petites filles. L'évêque accorda cette demande. Les sœurs achètent une maison. Les échevins leur donnent une pension sur les

revenus de la ville et leur abandonnent les rentes de
l'hôpital. Ces religieuses s'étaient d'abord établies à
Nevers, ensuite à Saint-Saulge. Ce ne fut qu'en 1700
que la supérieure se rendit définitivement aux vœux
des habitants. Il y avait douze ans que cette affaire
était en suspens. Une requête des échevins et des
habitants est présentée à l'intendant. Cette pièce était
signée par Delin, par Friflet, conseiller du roi, maire
alternatif de Decize ; Guillaume Genèze, seigneur de
la Planche, conseiller du roi, lieutenant, premier
échevin alternatif ; Denis Coppin, seigneur de Che-
vane, conseiller du roi, garde du scel de l'hôtel de
Decize ; François Surbin, Guillaume Bourgeois ; Edmond de Cray, prêtre curé de Saint-Aré ; noble François Reytier, capitaine du château ; de Cray, notaire
royal, etc.

Une ordonnance de l'intendant approuve la délibération et invite les habitants à convoquer une assemblée générale, toutefois, en excluant les chirur-
giens qui pourraient être susceptibles de jalousie.
On vote 100 livres pour chaque sœur et 50 livres pour
les remèdes. Une ordonnance du 17 février approuve
cet établissement. Scholastique Marchangy traite
avec les échevins d'une rente au capital de 1,400 liv.
due par le seigneur de Germancy, pardevant Gonnot,
notaire, avec l'autorisation de Mgr Édouard Bargède,
évêque de Nevers en 1713. Autre délibération qui
accorde 150 liv. pour une troisième sœur ; arrêté du
conseil du roi, du 5 mai 1772, qui donne 150 liv. de
supplément ; enfin, une nouvelle délibération du 17

décembre 1786, qui porta à 1,200 liv. les pensions des religieuses.

1692. — Par un édit royal du mois d'août furent établis dans certaine ville du royaume des maires, des assesseurs, avec charge des fabriques des paroisses.

Ce fut J.-B. Langlois, sieur de la Prévostière, qui entra le premier en fonction comme maire de Decize. Ce changement dans l'administration ne fut pas approuvé par le public, qui tenait à ses vieux us et coutumes; il y eut même quelques désordres dans la ville.

Les échevins en charge ne voulurent pas reconnaître le maire et refusèrent de lui rendre les hommages qui lui étaient dûs au conseil, aux cérémonies, etc. Les prêtres, à leur imitation, ne leur offrirent point l'eau bénite, et des insultes leur vinrent de toutes parts Cette situation dura plusieurs années; de sorte que M. de la Prévostière en porta plainte à l'intendant de Moulins, dans un rapport détaillé. Cet acte de vigueur fit tomber ou restreignit ce mauvais vouloir, et, cependant, il reparut depuis plusieurs fois.

1694. — Le maire et les échevins font tirer des boîtes et font un feu de joie en réjouissance de la victoire remportée en Catalogne, le 27 mai, par le maréchal de Noailles.

1695. — Jacques Piot, roi de l'oiseau.

1696. — Langlois de la Prévostière, maire; Enfert, échevin.

1697. — N. Louis, prêtre, recteur des écoles.

1698. — Le sieur Devaux, seigneur de Germancy, acquiert du duc de Nivernais, pardevant Enfert, notaire, la seigneurie de la châtellenie de Decize, située sur la rive gauche de la Loire, en se réservant toutefois la haute justice.

1699. — Pendant les cent ans qui se sont écoulés, que d'événements ont eu lieu ! Des guerres de religion, des guerres de partis ont tour-à-tour ensanglanté la France. Une race de rois a disparu, et le dernier de cette race par le couteau d'un moine ! Une autre famille lui succède, ayant à sa tête Henri de Navarre, le plus populaire de nos souverains, bon pour le peuple, valeureux sur les champs de bataille, humain partout, généreux, et assez heureux pour trouver un ministre comme Sully. Un poignard, un fer de quelques sous, suffit pour trancher sa destinée et le bonheur de la France ! Ensuite, régence et minorité, temps d'orages et de troubles ! Que les rênes de l'État soient tenues par les mains d'une femme ou celles d'un enfant, le sceptre se change en roseau, heureux encore quand il plie et ne rompt point !

Bientôt apparaît une grande figure, Richelieu, ministre à la volonté de fer, ne reculant devant aucun obstacle, trouvant par l'échafaud le moyen de rapetisser les grands et de tout gouverner par son *moi* puissant ! Il prépara les miracles du règne de Louis-le-Grand, qui fit disparaître la France sous son manteau royal. L'État, ainsi qu'il le dit, n'était que lui ! Maza.in, ministre homme et femme, ployant pour mieux rebondir ; faible avec les forts et fort avec les faibles, faisant croire au caméléon ; arrivant à son but par la finesse, la patience, jamais par la ligne droite, contraste de son prédécesseur; ayant les qualités et les défauts de son pays, l'Italie ! Peut-être l'aurait-on trouvé grand, s'il ne s'était assis aussi près du cardinal français ; il était facile de les mesurer et de les comparer.

Dans ce siècle, notre pays domina l'Europe, s'éleva au sommet de toutes les gloires et mérita le nom de grand.

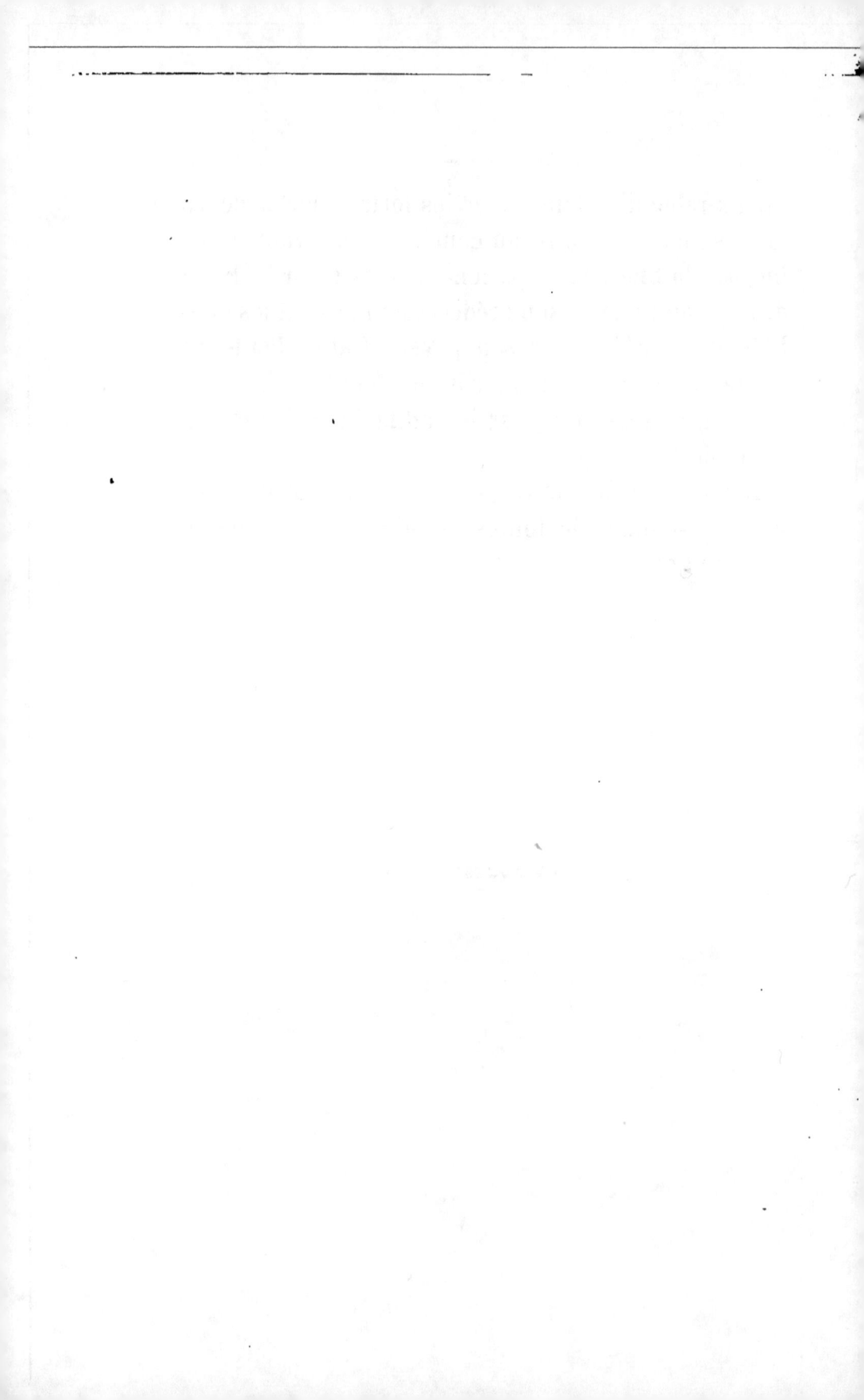

XVIIIᵉ SIÈCLE.

La France est forte de son unité. Plus de grands vassaux, de guerres civiles ; la justice partout et pour tous : des événements généraux agissent sur tout le pays, et plus sur une contrée particulière. Aussi l'intérêt diminue, les physionomies variées n'ont plus qu'un type : ni Nivernais, ni Bretagne, ni Normandie, etc. ; plus que des Français.

1702.—De la Prévostière, maire ; Claude Marinyer et Jacques de Cray, échevins ; Griffet, lieutenant du maire.

Une assemblée de notables est convoquée, le 29 octobre, par le maire, pour délibérer sur les affaires de la communauté. A cette assemblée, se trouvèrent Jacques de Cray ; Denis Coppin, procureur du fait commun ; Christophe Symonin, procureur du Parlement ; Edmond de Cray, Gabriel Godard, Gabriel Esmalle, Gilbert Breton, Pierre Robinot, Gabriel Compagnon, Guillaume Marinyer, Gabriel Sufert, Claude Marinyer.

1705. — Édouard Bergède, évêque de Nevers jusqu'en 1719.

1707. — Crue de 15 pieds, 9 pouces, 3 lignes.

1709. — Crue plus haute qu'en 1707.

1710. — L'abbé Radouvilliers, précepteur des enfants de France, naquit à Decize en 1710. Les sœurs de la Charité s'établissent à la même époque.

1711. — Lettre, arrêt du conseil, du 17 février, qui accordent une augmentation de pension en faveur des sœurs Grises.

1715. — Louis XV, sous la régence du duc d'Orléans.

Langlois de la Prévostière, maire; notables : Godard, Marinyer, Breton, Delin, Griffet, Coppin, Pierre de Cossaye, de Cray, Compagnon, Champly, Garnault, Robinot, Blondat, Bernard, Perrin, Rabusson, de France, Papin, Bureau, Dugué.

Par un arrêté du conseil du 1er août 1715, la ville fait une rente de 300 livres, assise sur les octrois, au couvent de Sainte-Claire. Ce couvent possédait, en outre, le fief du Colombier, situé à Saint-Privé, avec plusieurs œuvres de vignes, et le produit des aumônes avec lesquelles il entretenait trente-sept religieuses et quatre domestiques.

1716. — Le pont de Crotte, après avoir été détruit en 1585, ne fut reconstruit qu'en 1716.

1719. — Charles II de Fontaine de Montée, évêque de Nevers jusqu'en 1740.

1729. — Le duc de Nevers annonce aux habitants

qu'il leur a nommé échevins, Deschamps et Antoine Housdat.

1732. — Échevins : Jean Grand et Godard.

1733. — Crue du 7 août, 16 pieds 7 pouces.

1735. — Échevins : Robinot et Roque.

1736. — N. Cabaille, recteur des écoles ; même année, Marchand.

1737. — Personne ne se présente à l'assemblée pour les élections.

1738. — Échevins : François Bijon, Gaspard Arnault.

Par délibération du 30 septembre, on prit l'engagement de payer à un médecin et à un chirurgien qui viendraient s'établir à Decize, à l'un 150 livres et à l'autre 100 livres.

N. Roque, recteur des écoles ; Vincent Roussel, régent.

Jacques-Philippe Marinyer, roi de l'oiseau.

1739. — Échevins : Deschamps et Housdat.

1740. — Guillaume IV d'Hugues, évêque jusqu'en 1751.

1741. — Famine.

1744. — Crue du 5 au 7 mai, 16 pieds.

1746. — Guillaume Millot, roi de l'oiseau, prix 20 l.

1748. — Il y avait, à cette époque, à Decize, seize confréries établies dans la paroisse de Saint-Aré, savoir : de Sainte-Anne, de Saint-Éloi, de l'Adoration perpétuelle, de Sainte-Marguerite, de Saint-Crépin ; la grande confrérie de Sain-Jean-Baptiste, de Saint-Fiacre, de Sainte-Reine, des Saints-Apôtres, de Saint-

Sébastien, de Saint-Vincent, de Saint-Blaise, de Saint-Nicolas, de Saint-Honoré, de Saint-Yves.

1750. — Le 28 juin, le roi, étant à Compiègne, écrivit aux habitants de Decize pour les engager à lui conserver la fidélité qu'ils lui avaient jurée.

1751. — Jean-Antoine Tinseau, évêque jusqu'en 1782.

A l'occasion de la naissance du duc de Bourgogne, on dote de 100 livres trente jeunes filles. La disette d'épouseurs empêche les mariages. Un seul put avoir lieu : Charlotte Robinot épousa Jean Duguć, perruquier.

1722. — Famine.

1756. — Échevins : Grénot et de Cray ; Robinot, procureur.

Ils augmentèrent les gages des sonneurs des marchés.

Cette même année, les octrois de la ville furent affermés, par le sieur Arnault, 24,200 livres.

1757. — N. Moreau, recteur des écoles et receveur de la fabrique de Saint-Aré.

1760. — Par autorisation de Mgr de Tinseau, Claude Fauchet prononça, à l'âge de seize ans, un sermon dans l'église de Decize. Par la suite, il fut évêque constitutionnel du Calvados et périt en 1793.

1766. — Échevins : Robinot et Beaumont.

Le 25 août de cette même année, naquit, dans une maison de la place du Pont-de-Loire, Louis-Antoine Saint-Just de Richebourg, fameux conventionnel.

1769.— Échevins : Cabaille et Alexandre du Mousseau ; Guillaume Godard, conseiller de la Cour des comptes, nommé maire.

Les charges municipales avaient été érigées en offices rachetables par les édits de mai 1761 et novembre 1771.

Avant, les échevins jouissaient de beaucoup de priviléges. Tous les trois ans, ils procédaient à l'élection du receveur de l'hôpital, d'un député représentant le commerce de la Loire et chargé de défendre ses intérêts. Ils présidaient au tir de l'oiseau. Le vainqueur à cet exercice portait le titre de roi, et pendant une année était exempt de l'impôt de la taille. Les prix furent en 1600 de 30 liv. ; en 1612, de 20 ; en 1621, de 30 ; en 1636, de 40, etc.

1774. — Louis XVI.

1775. — Guillaume Godard, maire ; Esmalle, Blondat et Lybault, échevins ; Robinot, procureur ; Étienne de Cray, secrétaire-greffier.

Le grand pont de Loire avait été primitivement fait moitié en bois, moitié en pierres ; il ne devait pas durer longtemps.

Le 7 octobre, M. Dupont, intendant à Moulins, vient à Decize poser la première pierre du nouveau pont devant faire communiquer la ville avec le faubourg Saint-Privé. Cette cérémonie coûte 1,085 liv. 3 s. t.

1776. — Les annales de la ville ne présentent rien de remarquable. Les dépenses ordinaires ne dépassent point leurs bornes. Il n'en est pas de même des dépenses extraordinaires. M. Legrand, entrepreneur de travaux publics, touche, dans l'année, 31,000 liv.

1777. — Par acte reçu de Cray, notaire, le 17 septembre, la ville achète du sieur Robinot Lapointe, moyennant 18,000 livres, une maison pour y établir l'hôtel de ville, maison qui, encore, sert au même objet.

En 1776, les assemblées municipales se tenaient dans la maison du sieur Bezançon, louée 150 livres.

L'évêque de Nevers maintient le cimetière dans le lieu où il se trouvait ; seulement, il le fait agrandir de 40 toises carrrées.

1778. — Godard, maire.

Le 9 août, les habitants de Decize avaient fait un vœu à saint Roch pour la cessation d'une maladie contagieuse, avec offrande à l'église de Montbeugny. Jean-Marie Grénot, 2e échevin, et Marinyer, conseiller de la ville, se chargent de le porter.

M. Legrand, entrepreneur de travaux, reçoit, pour les années 1777 et 1778, 80,000 liv.

1779. — Le même reçoit encore 64,000 liv.

1780. — Godard, maire.

1781. — La ville fait allumer un feu de joie à l'occasion de la naisance du dauphin. La fête coûte 600 l.

Le 28 décembre, elle dépense encore 300 liv. en réjouissance de la victoire remportée en Amérique sur les Anglais.

1782. — Pierre de Seguaran, coadjuteur.

De Cray, curé de Decize et archiprêtre.

Par délibération du 6 juin, on accorde 600 liv. de

traitement à M. Bodin, médecin, qui résidait à Moulins et qui vint se fixer à Decize.

Les marchés avaient lieu à Decize les samedis et vendredis.

1783. — La paix ayant été conclue en Amérique, nouvelles réjouissances qui coûtent 300 liv.

Le 17 août, on délibère en faveur de M. Terreux, chirurgien, et on lui vote un traitement annuel.

1784. — Commencement des travaux nécessaires pour creuser le canal des Nivernais ; ils sont suspendus en 1791 et repris, en vertu de la loi du 14 août 1822.

1785. — Le pont de Crotte étant tombé de vétusté, on en rebâtit un en bois ayant treize travées. En 1804, des trains de bois ayant été abandonnés au-dessus et mal ancrés, ils furent entraînés par le courant de la Loire, et leur poids étant augmenté de leur vitesse, par leur choc, ils démolirent le pont. Il avait coûté 32,000 liv. En 1831, un pont suspendu en fil de fer lui a succédé.

Le duc de Nevers et les habitants de Decize passent une transaction pour la jouissance des communes qui entourent la ville. On prend pour base l'acte de 1558.

1716. — Renaud, maire.

1787. — Cette année, l'administration municipale achète trois maisons pour être démolies, afin d'élargir la place du Pont-de-Loire, savoir :

celle du sieur Perrin. . . . . 3,200 » »

celle du sieur Priot . . . . 2,100 » »

celle du sieur Goyard . . . . . . 3,000 » »

Le sieur Décombes reçoit . . . . 30,000 » »
pour réparations des ponts.

1788. — Le même reçoit. . . . . 30,000 » »
pour à-compte de travaux sur la route
de Moulins.

Les RR. PP. Minimes touchent . . 3,045 06 08
pour droits de lods et vente des maisons qui avaient été vendues, et dési-
gnées ci-dessus.

Le sieur Décombes encaisse . . . 39,000 » »
pour travaux sur la route de Moulins.

Gaunot, recteur des écoles.

1789.—Assemblée nationale à Paris.

Renaud, maire.

On paie au sieur Décombes . . . 60,712 08 04
pour travaux de route.

1790. — Les révolutions coûtent cher. Voici les
dépenses extraordinaires qu'elles causent dans une
seule année :

On paie un sieur Gaspard, voiturier par eau, une
forte somme pour avoir transporté deux pompes de
Paris à Decize.

On dépense . . . . 3,600 » »
pour la levée et le quai de Loire en
amont.

Les habitants ayant arrêté des blés
appartenant à Pacault, marchand à

Nevers, ils sont condamnés à lui
payer une indemnité de   2,848   »   »

Suivant délibération du 18 avril
dernier,

Par une autre délibération, on achète
pour. 346 18 06
d'armes.

Suivant une nouvelle délibération,
on dépense. . . . .   3,873 16   »
pour la réception d'un détachement
de royal Piémont.

On donne une indemnité à la maré-
chaussée pour ses services en temps
de troubles.

Délibérations des 16 juin et 16 juillet, qui autorisent des dépenses pour
la fédération du 14 juillet.

24 juillet, on dépense   612   » 06
pour la fédération générale et repas.

Dépense de. . . . .   303 13   »
pour équipement de la garde natio-
nale.

Pour casernement de hussards. .   549 11 03
Pour frais de bureaux extra . . .   773   »   »
Pour fête funèbre de Nancy. . . .   127 08 06
Pour réparations de quatre puits .   737 08 06
Pour prime, afin de diminuer le blé.   1,197   »   »
Pour haute-paie accordée aux hus-
sards . . . .   708 12   »

Crue du 13 novembre, 19 pieds 6 pouces.

Les Minimes étaient cinq, et voici leurs revenus
en 1790 :

En argent et divers produits . 13,898 l. 17 s. 09 d.
Reprises de l'arriéré. . . . . 7,980 14 »

Leurs dîmes s'élevaient à 24 boisseaux de froment,
et 875 de seigle.

Nous voici arrivés en 1791. Nous clôrons là notre
tâche. Cette époque nous fait toucher les bords d'un
abîme dont de plus intrépides que nous n'osent mesurer la profondeur. Les orages révolutionnaires ne
sont pas notre fait. Archiviste modeste, nous ne mar-
chons qu'à travers les champs du passé, nos efforts
consistent à lire des dates, des noms, des faits, sur les
tombes que les siècles ont couvertes de leur pous-
sière. Les rumeurs des passions font trop de bruit
pour nos calmes études. Nous laissons aux historiens
contemporains le soin de retracer, avec plus ou moins
d'impartialité, un époque trop convulsive pour ne pas
avoir donné aux hommes de son temps une grande
part de douleurs.... Comment juger sainement ce
qui vous a fait souffrir ? L'appréciation est un instru-
ment docile qui grossit ou diminue les objets selon
les sentiments de celui qui en fait usage ; ne nous en
servons pas pour les temps contemporains. Je m'arrête donc puisque je suis arrivé au but, heureux si
j'ai su arracher à l'oubli quelques souvenirs des us
coutumes et actions de nos pères.

Il y a deux siècles que l'historien Guy Coquille,
en terminant aussi sa Chronique du Nivernais, di-
sait, dans son naïf langage : « Un discours mal poli

» qui pourra servir de matières grossières pour être
» œuvrées plus délicatement par quelque gentil es-
» prit... qui, selon les humeurs, pourront servir
» d'exemples, délectations. »

Le vœu qu'il faisait, je le fais aussi ; heureux si
les matériaux que j'ai amassés peuvent servir à des
mains plus habiles.

FIN.

www.ingramcontent.com/pod-product-compliance
Lightning Source LLC
Chambersburg PA
CBHW071953110426
42744CB00030B/1234